中国式企业联盟

Alliance of Enterprises in China

轻资产服务业的并合之道

陆新之◎编著

山西出版集团
山西人民出版社

图书在版编目(CIP)数据

中国式企业联盟:轻资产服务业的并合之道/陆新之编著.—太原:山西人民出版社,2010.4
ISBN 978-7-203-06782-5

Ⅰ.①中… Ⅱ.①陆… Ⅲ.①房地产业-中介组织-企业合并-研究-中国 Ⅳ.①F293.3

中国版本图书馆CIP数据核字(2010)第062223号

中国式企业联盟:轻资产服务业的并合之道

编　　著: 陆新之
责任编辑: 郝文霞
装帧设计: 久品轩

出 版 者: 山西出版集团·山西人民出版社
地　　址: 太原市建设南路21号
邮　　编: 030012
发行营销: 0351-4922220　4955996　4956039
0351-4922127　(传真)　4956038(邮购)
E-mail: sxskcb@163.com　发行部
sxskcb@126.com　总编室
网　　址: www.sxskcb.com

经 销 者: 山西出版集团·山西人民出版社
承 印 者: 北京凯达印务有限公司

开　　本: 787mm×1092mm　1/16
印　　张: 13.5
字　　数: 180千字
版　　次: 2010年4月第1版
印　　次: 2010年4月第1次印刷
书　　号: ISBN 978-7-203-06782-5
定　　价: 33.00元

前言　轻资产服务业智力公司并合的重要尝试

中国的房地产业，是当今中国乃至国际社会都分外关注的一个行业。

国家统计局的数据显示，2009年，中国完成房地产开发总额达人民币36 230亿元，较同期增长16.1%；房地产投资总额占全国固定资产投资总额的16%。

不用详细解释中国房地产业对上下游产业的互动作用，只需要看看房地产话题如何牵动城市人群的心情，就能够感受到，这个行业和中国社会的关系是多么密不可分。

1949年之后，中国市场化的房地产业只有二十多年历史；而房地产服务业的产生，还要更晚一点。

根据上市公司深圳世联地产顾问股份有限公司（以下简称“世联”或“世联地产”）的研究预测，未来三年内中国房地产市场将以每年22%的复合增长率高速发展，商品房销售额将从1.8万亿元增长到4万亿元。人口红利、城市化进程及人均可支配收入的结构化增长将为房地产的长期发展提供持续动力。预计到2025年，商品房销售额将达到9万亿元。同时，房地产服务业即将进入规模化发展阶段，未来几年将是房地产服务业整合的黄金时期。

因此，2010年世联地产的总方针是通过组织变革和加大平台建设，推动主营业务的规模化，同时探讨业务的外延式发展和新业务路径，进一步提升公司的市场地位和影响力。

2010年3月26日，世联地产召开了第一届董事会第十三次会议，除公布了一系列喜人的财务数字之外，公告之中还提到了董事会以9票全部赞成的结果，审议通过了《关于使用部分超募资金收购济南信立怡高物业顾问有限公司的议案》。同年4月15日，世联地产的股东大会也通过了这项议案。内地轻资产智力产业的第一例收购案，自此尘埃落定，双雄顺利携手。

世联地产是房地产服务业的领跑企业，无论是业绩还是品牌影响力，都是行业的佼佼者。而世联地产一贯的专业、严谨和规范的作风，也使它获得了业界和社会的极高肯定和期许。

它能成为A股首家房地产服务业上市公司实至名归。世联的IPO（首次公开募股）获得超额认购，现时价格的市盈率依然保持在较高水准，这可以看作是资本市场对于它的认同和评价。

济南信立怡高物业顾问有限公司（以下简称“信立怡高”）是山东省内最大的房地产营销策划及销售代理综合服务商。

世联地产和信立怡高，都属于以智力资本为核心竞争力的智力产业。

智力资本是为解释企业市场价值同财务资本之间的差异而提出的，它是导致这些差异产生的各种无形资本的总称。它将智力的含义由个体的范围拓展到组织范围，借用描述个人特征的方式来描述一个组织的特征，是指存在于组织中的能够提高企业竞争力、为企业增加价值的无形资产。

智力产业是一种专业服务性产业，除了房地产服务公司之外，还包括各类咨询、策划、广告和培训等等轻资产公司。智力资本以知识及其管理为核心，构成了企业的轻资产。轻资产运营是一种以价值为驱动的新型资本战略，是网络时代与知识经济时代企业战略的新结构。轻资产运营必须根据知识管理的内容和要求，以人力资源管理为纽带，通过建立良好的管理系统平台，促进企业的生存和发展。

改革开放三十多年，中国经济的发展速度有目共睹。尤其是制造业和服务业，都有相当的发展，但是包括房地产服务业在内的智力产业，还是处于一个朦胧的探索阶段。

房地产代理业务，是指房地产代理机构在房地产交易的过程中，为委托人提供交易信息和居间代理业务等服务，并收取一定佣金的经营活动。目前，我国房地产代理企业主要从事为开发商代理楼盘、为个人业主代理物业的转售与租赁等服务性业务。它是房地产市场供需双方的桥梁和纽带，起着信息流通、促进交易的作用。

对于开发商来说，在房地产项目开发的前期和中期，他们需要代理企业提供地产顾问、评估和营销策划等服务，在后期还需要代理企业提供具体的销售服务，甚至具体项目的物业公司的选择也由其帮助推荐。在代理企业的帮助下，开发商不但能大幅降低项目运作的时间和成本，还能获得更高的利益回报。

对于购房者个人来说，买房是一件大事，需要投入巨额资金，甚至可能会花费自己多年的积蓄，而办理各种合同、备案、信贷等手续，让不熟悉具体业务的他们费心又费力，因此也需要有专业的房地产代理企业为自己提供相关的服务。

房地产代理企业是房地产商品交易双方都离不开的中间人，它们堪称房地产市场正常运转的“润滑剂”和“平衡器”。房地产业能迅速成长壮大，与代理业的持续贡献密不可分。

这次引起工商界关注的收购，并不只是因为其交易金额，也不只是因为其涉及了 A 股第一家房地产服务业公司——世联，更大程度上，是因为这是内地轻资产服务业智力公司并购的第一例。

带着对这一并购案的浓厚兴趣，笔者走访了世联地产董事长陈劲松先生。他将 2010 年定义为重要投入年。他认为，2010 年是世联子公司升级的一年（世联地产进入城市的市场占有率提升，对提高边际利润有着显著的效果），同时也是世联地产积极寻找可能的（同业）合作伙伴和探讨新业务方向的一年。而对济南信立怡高的购并，是世联地产这方面的第一个成果。未来，世联还会与更多的同业携手，探索更多的合作方式。

轻资产运营是国际著名管理顾问公司麦肯锡特别推崇的战略，以轻资产模式扩张与以自有资本经营相比，可以获得更强的盈利能力、更快的发展速度与更持续的增长动力。

在高度技术化的新知识经济时代中，企业的竞争已经逐步由资源加工转为信息加工，从运用原料转为运用理念。在这种背景下，新生的轻资产运营模式正催生全球的一流企业，轻资产运营的行为模式、经营作风及企业文化都展现出新的特征，并对企业的运营力提出了新的挑战，呼唤新的管理技巧和策略。

这起并购案件，引发了我们以下的思考：

房地产服务企业面临的将是一个怎样的竞争环境？

房地产服务业如何合理定位？如何寻找自己的可持续发展之路？

房地产同业之间如何合作？

并购之中，如何为一家房地产服务企业合理估值和定价？

两家同业之间，如何进行谈判？什么因素决定了并购的成败？

在更加深入地观察、讨论这起并购案时，我们还会提出以下问题：

房地产服务业可能是智力产业中从业人员最多的领域，从业公司选择何种路径才能确立专业，避免现实中常见的混乱和无序？

哪些基因决定了房地产服务企业的体质和后劲？

合并后的新公司，如何设立新的组织架构？平台的对接和引入有哪些需要注意之处？

房地产服务业怎样才能更好地服务客户，为客户增值？

还有哪些服务业同行会和世联地产携手？其他房地产同业又该如何应对急速壮大之中的世联军团？

非常感谢世联地产和信立怡高两家公司对笔者开放了资料库和数据库。这两家公司的知识管理非常有效，使得本书能够引用大量的原始材料；通过对相关人物的采访，又使得公众可以了解整个并购事件的来龙去脉以及关键节点。笔者尽最大努力再现和解读这一过程，希望能够从中寻找到一些最能给行业以及社会提供正向价值和商业智慧的线索。

目　录

CONTENTS

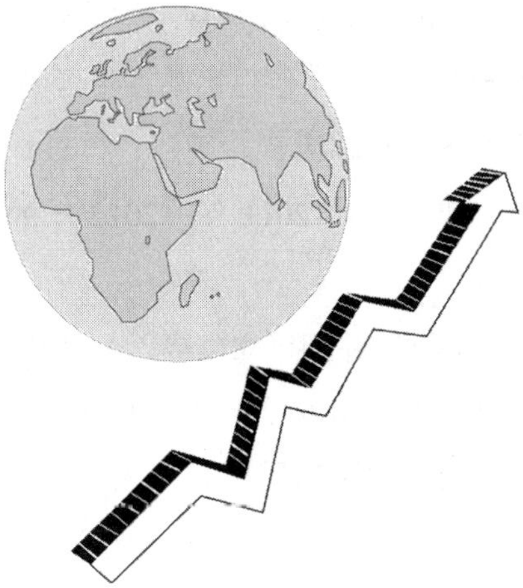

第一章
面临重构的商业世界

2010年4月15日，世联地产股东大会通过了《关于使用部分超募资金收购济南信立怡高物业顾问有限公司的议案》。之后，世联地产董事长陈劲松与信立怡高董事长乐智强双手紧握，两家公司的董事会成员和高管都为这场历时三年的联姻长跑胜利结束而感到欣慰。

内地轻资产智力产业的第一例收购案，自此进入具体的操作阶段。

世联地产2010年3月26日的公告披露了如下信息：

经信永中和会计师事务所有限公司的财务尽职调查：截止到2009年12月31日，信立怡高资产总额为6 662.81万元，负债总额为3 136.27万元，归属于母公司的所有者权益为3 004.23万元，资产负债率为47.07%。2009年度归属于母公司所有者的净利润为1 765.92万元。

世联聘请了第三方会计师事务所驻场对信立怡高进行了详细的财务尽职调查，对其近三年的财务状况和盈利能力进行了客观评估。根据对山东房地产代理行业市场的前景分析并基于信立怡高在山东市场所处的领先地位，世联地产全面盘点了信立怡高在手合同和意向合同，并分析了未来几年可实现收益的影响因素。同时，世联地产和信立怡高股东、管理层讨论确定了2010年、2011年、2012年的收入复合增长率和净利润率。

为何世联地产选择在这个时候并购信立怡高？从2008年下半年到2009年，房地产业由大寒到大暑，引发了房地产开发业、服务业以及相关产业的极大震荡和从业人士的深刻反思。房地产服务业如何合理定位？如何寻找自己的可持续发展之路？房地产同业之间如何合作？如何为房地产服务企业合理估值和定价？这一切问题都变得非常现实和迫切。

在寻找到这些实际问题的有效答案之前，我们还是先来重新审视一下这个被金融海啸改变的商业世界的现状。

第一节

全球金融海啸后的宏观格局

10年前即2000年的3月10日，美国纳斯达克指数达到有史以来的最高点——5 132点，互联网科技股一时间成为投资者眼中的宠儿，许多人为能搭上股市繁荣的快车而兴奋不已。但是，极少有人能料到，仅仅一年半以后，网络股泡沫便骤然破裂，酿成了新千年伊始的首次大规模经济震荡。

为了挽救美国经济，美联储采取了非常宽松的货币政策，在2001年到2003年短短的两年多时间内，连续降息十多次。到2003年的6月，美国的利率已经降至近50年来的最低水平——1%。一系列激进的经济政策刺激了美国经济的回升，这一切看起来都是那么的美好。

但是，当各大媒体颂扬格林斯潘以果敢的手段挽救了美国经济时，就连格氏本人也没有料到，他为美国经济的衰退埋下了一颗更大的“炸弹”——在此后不到四年的时间里，房市泡沫越吹越大，美联储不得不加息降温；此举却加重了大量信用等级达不到标准的次级贷款人的还贷压力，最终引发了大规模的房贷危机，导致房市泡沫破裂，房价下跌，并迅速蔓延到整个金融行业，引发了一场波及全球的金融海啸。

在这场金融海啸中，美国最大的两家房地产抵押贷款企业——房利美和房地美被政府强行“托管”，有一百五十多年历史的雷曼兄弟公司申请破产……美国多家知名金融机构如多米诺骨牌般逐一倒下。

随后，金融危机影响到美国甚至全球的股市和实体经济，失业人数骤升，各国贸易保护主义抬头，就连老牌的通用公司也不得不申请破产保护。

两年多的时间过去了，金融海啸冲击下的全球经济仍处于苦苦挣扎之中，各国频频推出经济振兴计划，效果如何仍待时间检验。但毋庸置疑的是，这场金融危机暴露了美国的经济实力在走下坡路，世界经济格局将出现前所未有的大变革。几家欢乐几家愁，我们的出路在何方？

1. 房地产、贪婪与金融危机

连续两年多的降息以及其他经济刺激手段的实施，使美国网络泡沫破灭带来的影响被房地产业的红火所“抵消”。房价连年攀升，金融管制极为宽松，导致资本的逐利性完全地暴露出来。

在美国，由于人们的消费习惯与我们不同，大多数消费者购买房产等大宗商品时，都是采用长期贷款的方式解决。对于那些有稳定工作、经济条件较好的人士来说，还贷是不成问题的。良好的信誉和较强的还款能力使这些人成为各类金融贷款机构眼中的“优质贷款者”；而那些工作不稳定、收入水平较低的人群，因违约不能还贷的风险较高，被称为“次级贷款者”。在经济紧缩、利率较高时期，金融贷款机构会严加审查“次贷”，以避免风险。

但是，在新世纪开始的几年中，为了避免经济衰退而施行的宽松金融政策使得房价步步高升，还贷利率极低，购房成为一种有利可图的手段。只要房价持续上升，即使是次贷者购买房产也不用担心未来无法还贷——届时只要将房子卖出去就能轻松还贷，还能大赚一笔。

为了追求更高的利润，在美国各大放贷机构的精心操作下，大批的次级贷款产生。次贷资产被设计成各种“资产支持证券”，经过标准普尔等世界知名评级公司的评级，然后再花言巧语出售给世界各国的保险公司、养老金、对冲基金等金融投资机构。起初，由于美国的利率较低，这种资产证券化后的金融衍生产品让各方均能大赚一笔，但其实质仍是金融投机。在美国经济“牛气冲天”的时候，整个投机链能畅行无阻；而当经济环境发生改变时，这种投机游戏就会面临绝境。

2007年初，次贷危机出现征兆。在房地产业低迷期间，最先“中招”的是美国第二大次级抵押贷款机构——新世纪金融公司。该公司因传出濒临破产的消息而导致纽约股市第一次因次贷危机出现震荡。一个月后，该公司申请破产保护，成为这一时期最大的一宗抵押贷款机构破产案。时隔两个月，美国第五大投资银行贝尔斯登公司宣布，其旗下两只基金因投资次贷债券市场而出现巨额亏损，纽约股市再次大跌。随后，标准普尔等信用评级机构下调了数百种抵押贷款债券公司的信用等级。同年8月，美国第十大贷款公司美国住房抵押贷款投资公司，因各大银行停止向其提供融资而不得不申请破产保护。与新世纪金融公司不同的是，美国住房抵押贷款投资公司发放的数百亿美元贷款都是优质贷款，并不涉及次级贷款。这表明房贷违约现象由次级贷款者蔓延到了拥有高信用等级的优质贷款者之中，次级抵押贷款危机已经扩散。多家金融机构均宣布大亏，就连与金融业不相干的沃尔玛和家得宝等数十家公司也受到波及，宣布因次贷危机而蒙受巨大损失。

由于美国经济的领先地位和金融市场的开放性，故而在这场持续数年的美国房地产“盛宴”中，国际大大小小的金融机构均有介入，纷纷企图从中“分一杯羹”。尝过甜头的它们在金融投机链条突然断裂时方恍然大悟，但再想逃离已经身不由己了。不过，受到伤害最深的，仍是这次投机行为的始作俑者——美国的各大金融机构。

2007年下半年，美国楼市指标全面下滑，其第三季度的房屋库存量增加到445万户，标普/希勒全美房价指数季率甚至下跌至1.7%，为该指数20年来的最大单季跌幅。至此，房地产市场泡沫完全破裂，其引发的危机如海啸般由次级房贷市场迅速冲向整个金融业和实体产业。最后，“得益于”经济全球化的“地利”，金融海啸几乎毫无阻拦地跨越国界，将危机传导到世界各国。

2008年，次贷危机已经“升级”为金融危机。同年3月，美国第五大投资银行贝尔斯登因濒临破产而被摩根大通收购。高盛等各大华尔街金融机构纷纷裁员，并紧缩开支以渡难关。据瑞银估计，整个华尔街的企业裁员率高达35%。金融市场出现了前所未有的恶劣形势，以致很多人认为这场危机已经探底，高盛的CEO在4月份甚至宣称这次信贷危机可能接近尾声。殊不知，更严峻的情况还在后面。9月15日，采取各种措施后仍无望摆脱困境的雷曼兄弟公司宣布申请破产保护，这家有着一百五十多年历史、多次在经济危机中全身而退的世界级老牌金融巨头，栽倒在了这次“房市”上。同月，美国第三大投资银行美林公司为渡难关，以440亿美元的价格将自己卖给美国银行；而“五大投行”中硕果仅存的高盛和摩根士丹利，也同期宣布转型为银行控股公司。

诸多中小银行的倒闭，“五大投行”的风云变幻，令全球投资者备感恐慌：金融危机不但没有结束，反而仍在向深渊底部滑行！

果不其然，其后，华盛顿互惠公司——这家全美最大的储蓄及贷款银行，发布了一个令无数客户震惊的消息：因股价下跌，面临巨额抵押贷款损失和客户挤提，该行已被摩根大通收购。

2009年初，美国国际集团——这家1919年起源于中国，此前已经是全球市值最大的保险公司——宣布上年第四季度亏损617亿美元，成为有史以来美国公司中最大的亏损户。在接下来的一年多时间中，美国国际集团为了生存不断“瘦身”，出售了包括美国人寿保险公司和友邦保险公司在内的二十多家子公司。

因次贷危机引发的金融市场大动荡还蔓延到了实体产业中。1月14日，美国最大的电信设备制造商，有着一百三十多年历史的北电网络公司，因巨额债务导致经营困难和股价暴跌，不得不向公司所在地特拉华州威尔明顿破产法庭申请破产保护。北电网络公司的北美及欧洲公司也相继进入债权人保护程序，成为金融危机中第一家申请破产保护的通讯类企业。同年6月1日，被视为美国公司典范的通用公司因被300多亿美元巨债缠身，再加上经营不善以及融资出现困难，被迫进入40天的破产保护程序。之后，在政府500亿美元的注资帮助下，新的通用公司成立，并在当年度大举裁员20%。

……

这场因逐利资本的贪婪而对次贷者和投资者许下谎言造成的闹剧，引发了市场的长久惩罚——金融海啸的负面影响至今还没有消除。在它的冲击下，一些美国知名企业相继破产，化为历史的尘埃。从2007年初至今，三年多的时间过去了，受到沉重打击的美国经济，在政府竭尽全力的支持下，勉强蹒跚前行；而复兴的曙光依然太遥远，只有一个模糊的光影在提醒人们：穿好棉衣，冬天会过去的。

2. 艰难筑底的美国房地产业

统计数据显示，自2003年以来，美国GDP的增长部分中，有70%左右的份额与房地产有关。到2007年次贷危机逐渐显露时，金融和房地产业创造的产值已经占到美国GDP的20%左右。也就是说，在这短短的几年中，房地产业已经取代制造业成为美国经济发展的“支柱产业”之一。

同时期，美国人均创造的GDP在4万美元左右。在高科技信息业，人均创造的GDP在20万美元左右；而在房地产服务业，人均创造的GDP则高达70多万美元。金融和房地产服务业创造的利润总额已经占到了美国企业利润总额的40%以上。高额利润下的房市，犹如西壬海妖的迷人歌声，吸引着无数的逐利资本投身其中。

随着次级贷款问题浮出水面，美国的房屋销售量开始下跌，房价也止涨回落。到2007年3月，成屋销量已经下降了8.4%；到2007年底，全美新屋的开工数量下降了14.2%，达到了此前16年来的最低水平。美国所有城市的房价都在下跌。2008年3月，美国的新屋开工量又下降了11%左右，而美国房屋空置率则刷新了2.9%的历史高点。

到了2008年8月份，美国因无力偿还住房贷款而被收回房屋的人数已经超过了 10 万，是前一年同期的一倍多；其中加利福尼亚州和佛罗里达州是重灾区。同一时期，美国已经有近百家中小型抵押贷款公司倒闭。一年后，美国有二百多万套房屋被银行收回，并进入拍卖程序。美国的房价仍处在下跌之中，仅 2008 年一年，全美房屋市值就蒸发了约 2 万亿美元，有 1 170 万美国居民资不抵债。

2009 年，美国房屋止赎数达到 282 万户。预计由于失业、收入普遍减少等原因，2010 年美国房屋止赎数将进一步攀升至 300 万户，创下有史以来的最新纪录。许多房屋被银行收回后重新拍卖，房屋售价直线下降。例如在密歇根州的汽车城底特律，由于汽车企业的破产，大量工人失业，房地产业深受打击，许多房屋的售价仅为 1 000 美元左右。

在美国，整个房地产开发业都处在风雨飘摇之中，所有开发商的日子都不好过。昔日炙手可热的房地产巨头们，也因为房价大跌而陷入经济困境。许多开发商为回笼资金不断让利降价，但很多购房者仍然观望，等待房价的进一步下跌。无奈中，承受不住金融危机压力的开发商们，纷纷向政府申请救市基金。

美国最大的房地产开发商之一普尔特房屋公司——曾荣获 2008 年全美顾客满意度最高的房地产商称号，也是连续四十多年盈利的老牌公司——出现了经营亏损。仅在 2008 年的前 9 个月，就净亏损 11 亿美元。美国另外两家著名的房地产开发公司——桑达克斯公司和霍纳扬公司的经营状况也很糟糕。前者在 2008 年第三季度的总收入比往年减少了一半多，后者的总收入也下降了三成左右。

更为糟糕的是，房地产业的前景仍一片黯淡。原来让开发商及房贷机构颇为放心的优质贷款和商业地产，也随着金融危机的深化而变得岌岌可危。许多地方银行在本地发放的高额商用地产贷款，在蔓延的金融危机中也未能幸免。据美国房地产市场分析公司 CoStar Group 统计，单是在华盛顿地区，出现问题的商用房地产总值便从 2007 年的 1 300 万美元激增至 2009 年的 400 亿美元，而佛罗里达州和纽约地区的商业房产止赎和违约拖欠的问题更为严重。

次贷危机已经搅得整个美国金融业惶惶不可终日。进入 2010 年后，最令美国人惊恐的事情发生了：在次贷危机的影响下，房价持续下跌，已经严重影响到原本投资风险极小的优质房贷了。据德意志银行对美国100个大城市的调查，到2011年初，房价将还有一定幅度的下降，优质住房贷款中也将有近一半资不抵债。这又将波及曾经购买这些优质房贷的世界各大金融机构，令已经恶化的全球经济形势更加严峻。

3. 全球救市大行动

美国

作为这次金融危机的发源地和风暴中心，美国经济受到了沉重的打击。为了阻止经济下滑，美国采取了一系列措施：加强对金融机构的监管；建立对金融市场的全方位监控；保护消费者和投资者不受不当金融行为损害；赋予政府应对金融危机所必需的政策工具；建立国际监管标准，促进国际合作等。

在具体的货币政策和财政政策方面，美国政府也投入了很大的努力。2008年10月，7 000亿美元的救助法案在参众两院通过，它旨在更大规模地帮助普通纳税人，并对问题资产和存款保险进行调整，扩大税务豁免和最低税负的应用范围并延长其时间。

自次贷危机爆发以来，美国财政部和美联储还多次联手拯救重要的金融机构。例如2008年3月，摩根大通获得了美联储290亿美元的贴现，以收购贝尔斯登公司；一个月后，财政部又拿出2 000亿美元将房利美和房地美收归国有。同样，在美国政府的安排下，美国银行以500亿美元的价格收购了美林公司，向美国国际集团提供了850亿美元的紧急救助，并向处于危机中的美国汽车制造商提供了174亿美元的紧急贷款等等。

作为全球市场经济最发达的资本主义国家，美国将利用货币政策对经济施加影响的手段运用得十分娴熟，而且非常灵活。其货币政策包括基准利率、贴现利率、存款准备金利率等十多种具体手段。

自2008年年中开始，美联储已经连续调低基准利率和贴现利率，并向存款准备金支付利息，且逐步下调准备金利率；还通过多次短期资金标售工具（TAF）拍卖，累计向市场注入一万多亿美元的流动性资金。同时，美联储还扩大了一级交易商信用工具（PDCF）适用的抵押品范围，并通过定期证券借贷工具（TSLF）交易，向市场注入了一万亿美元的流动性资金。为解决商业票据发行者和货币市场共同基金的资金困难，美联储又推出了资产支持商业票据货币市场共同基金融资工具（AMLF），向存款类金融机构和银行控股公司提供贷款，帮助其购买货币市场共同基金持有的资产支持商业票据。

在尽力自救的同时，美联储没有忘记和欧洲国家联手，加大货币政策的合作力度，既与这些国家的央行同步降息，又扩大了临时货币互换协定。

欧盟

用“美国打喷嚏，欧洲感冒”来形容双方之间的紧密经济联系一点儿也不为过。欧元区的形成尽管已经有一段时间了，但受美国经济的影响仍然很深。因此，金融海啸肆虐最厉害的地方除了美国，就数欧洲地区了。在这次金融海啸的冲击下，欧洲各大金融机构纷纷中招，使欧盟各国不得不手忙脚乱地扑火救市，冰岛等实力较为弱小的国家甚至处于资不抵债的崩溃边缘。

为了减少这次金融海啸带来的损失，自2008年起，欧洲各国联手注资，拯救比利时和荷兰合资的全球金融巨头富通集团。为避免出现挤兑恐慌，爱尔兰政府和希腊政府宣布，保证国内储蓄机构存款的安全。同时，德国政府与私人金融机构合作，以500亿欧元的巨资拯救德国住房抵押贷款银行。这是德国历史上金额最大的企业救助行动。

日本

作为美国的坚定盟友，日本金融界一向与美国同行关系紧密。这次金融海啸中，不少日本金融机构损失惨重。作为日本主要的出口目的国，美国和欧洲的经济都是一片萧条，消费能力大幅度下降。西方人的消费观念也逐渐发生了巨大的转变，重拾祖辈们勤俭生活的习惯。这对刚刚走出“失落的十年”的日本人来说不啻于雪上加霜。他们除了要面对股市大挫、银行因不良贷款大量增加而出现巨额亏损、企业破产数量不断增加的窘况外，还要打起精神收拾遭受重创的以出口为导向的实体经济的烂摊子。

为了挽救经济，日本政府也采取了一系列的措施。其中，日本央行采取了降息、非传统金融手段等措施来强化银行资本金，维护金融体系稳定，如将利率再次降至0.1%，重回“零利率”时代。日本金融厅则通过各种手段，促使金融机构向中小企业及地方经济提供12万亿日元的金融支持；并向大型商业银行提供1万亿日元的后偿贷款，以防止银行对急需现金的企业与家庭中断放贷活动，提高其对企业与家庭的融资能力。

中国

作为世界上经济发展速度最快的国家，中国对美国的经济依存度很高，尤其是以出口为导向的经济发展模式，使中国沿海经济特别依赖于欧美市场。为了应对国际金融危机的严峻挑战，中国政府及时调整宏观经济政策方向，实施了一揽子救市计划，主要包括以下六方面的内容。

一是扩大内需。增加财政支出带动社会投资，计划两年增加投资4万亿元，并结构性减税约5 500亿元，对汽车、家电“以旧换新”和工业品下乡给予财政补助。

二是稳定金融。连续五次下调利率，共释放流动性资金8 000亿元，加大对中小企业的金融支持。

三是振兴产业。制定汽车、钢铁等10个重点产业调整和振兴规划，支持发展新能源、环保等新兴产业。

四是技术创新。重点是核心电子器件、核能开发利用、高档数控机床等16个领域。

五是加快改革。今后三年各级政府拟投入8 500亿元推动医疗卫生体制改革，以加快实现人人享有基本医疗卫生服务的目标。

六是保障民生。支持高校毕业生、农民工就业，大幅度提高城乡社会保障水平。在应对危机中，民生保障和医疗、教育等社会投资占中央财政支出的52.4%。

4. 前途未卜的世界经济

2009年底，在大手笔的刺激计划下，欧美等国家的经济有小幅回弹，但在各国专家眼中，现在谈论经济回暖为时尚早。2010年世界经济面临的一个重要风险，是经济刺激政策后如何有效防止衰退再次发生。

美国的失业率已经超过了10%，欧元区的失业率即将赶上美国，日本的失业率也突破了5%。庞大的失业人群会直接影响一个国家的经济走向，而发达国家因为普遍存在着大量的失业人员，消费状况的改变也在所难免；加之各国日益严重的贸易保护主义，又阻碍了国际贸易的增长；而出口下降，成为延缓经济发展的又一个因素。

各主要发达国家的金融机构还处于脆弱的求生存状态。这些金融机构能在金融风暴中活下来已属不易，要恢复至危机前的鼎盛状态，在短期内是不可能的。这直接影响了其对外投资的决策。另外，发达国家的产能利用率还处在较低水平，短期内不可能有大规模的金融投资去支持提高产能。同时，这些国家在宏观经济政策上的失误和错着，也会增加经济恢复的难度。

在这次世界性的经济衰退中，我们中国能始终独善其身，坐享发展红利吗？在4万亿投资的经济刺激政策下，2009年我国的经济出现了数字指标上的增长，但现实之中仍存在出口萎缩、内需不振、人民收入增长乏力、经济转型困难等诸多难题，着实令人无法轻松。

可见在近期内，世界经济形势仍处于不明朗之中，特别是没有增加就业率的经济复苏缺乏后劲，而各国庞大的财政赤字也会增加通胀的风险。

一句话，国际经济仍在黑夜中前行。

第二节

地产三十年：方兴未艾的朝阳产业

1. 沧海桑田，一甲子间

六十年一甲子。今日的中国与六十年前相比，已发生了翻天覆地的变化。

以天下为己任、具有中国传统文人气质的世联董事长陈劲松，在2009年国庆之际，曾撰文写下了自己的颇多感悟：

六十年前，解放战争还未结束，硝烟战火还在长江南北弥漫；六十年后，如果没有国庆大阅兵，孩子们只能从图画上看到军用枪、炮、火箭、坦克和战机。

六十年前，战火中抄底买土地的“勇士们”是彻底的傻瓜，他们成为“地主”；六十年后，在去年金融危机中拿地的开发商成为真正的赢家，他们成为了“地王”。

六十年前，拥有大量房屋产权的人纷纷逃离海外，纷纷跳水换美金；六十年后，海外的美金进入中国购房必须受限，中国的货币也在追逐资产。

……

六十年前，房地产开发商只在极少数城市出现，他们的主体是洋人、买办和当地黑社会；六十年后，房地产开发商已遍及中国所有城市，他们的主体是上市公司、国企和大量的普通民企，因为这个领域是完全竞争和开放的。

六十年前，农村大部分土地是私有的，集中在地主手里，产权虽完善，却极为不公；六十年后，农村所有土地是公家的，农民的小产权房虽然产权不完善，却极有创意。

六十年前，中国大城市中平民住宅区就是典型的贫民窟，污水横流，环境恶劣；六十年后，城市“棚户区”在中国已成为历史，“城中村”改造也大幕拉开。

……

六十年前，房地产中介服务业是零星的私下“掮客”；六十年后，中国房地产服务业可以跨地域经营，而且能上市。

……

这六十年，沧海变桑田。

自1978年开始，在“改革开放”政策的指引下，人民群众积蓄许久的创造力如火山般爆发出来，国民财富以令人瞠目结舌的速度增长着。

在西方人眼里，如今的中国社会处在一个“一切皆有可能”的时代，十几亿人民的温饱不但得到了解决，居住条件也大为改善。现在，中国每年新建的房屋面积就占到了世界新建房屋面积总量的一半，越来越多的家庭搬进了宽敞舒适的新居，彻底改善了原本恶劣的居住环境。这种变迁的程度和速度，在世界历史上都是绝无仅有的。

人民群众居住条件的改善，房地产业功不可没。在短短的三十年时间中，房地产业从零起步，逐渐发展成为国民经济的支柱产业。近几年来，房地产业的规模更是超速增长，年平均增长率达到了13.5%，名列各行业前茅。到2008年末，全国房地产企业达到了二十多万家，群雄并起，各路英豪纷纷加入到这一诱人的行业中，争夺世界上最大的房地产市场这块“蛋糕”。

世联地产董事长陈劲松

2. 肩负重任的房地产业

以历史的眼光看去，房地产业在中国既是一个历史悠久的传统行业，又是一个蓬勃发展的新兴行业。这种情况的出现，是和中国特殊的国情分不开的。

作为一个产业，房地产在新中国成立的时候就已经存在了，那时占据行业主导地位的是官僚买办资本等兴办的企业。十里洋场、异国风情的建筑鳞次栉比，贵族官僚的别墅庄园遍布全国各地，但无数的老百姓依然守着茅草房艰难度日。

建国后的前三十年，城里人搬进了低租金甚至没有租金的公房，乡镇也掀起了农业合作社下的新农村建设热潮，初步解决了住房“有无”问题。这时候存在着诸多的建筑公司，房地产建设热潮也一波接着一波，但它们大多属于国家所有，强调住房建设的“公益”性质，具体建设也由国家统一计划调节，忽视了房地产业的经济属性，甚至在那个时期连“房地产”一词都不存在。

随着国民经济的发展和人民生活水平的提高，特别是在计划生育政策实行前，每家至少都是两个孩子，加上夫妇双方的老人，居住条件日益捉襟见肘，“三代同屋”甚至“四代同屋”的情况越来越多。

1978 年开始的经济改革，也是真正意义上的中国现代房地产业的起始点。自此，建筑业自身的经济属性开始显现。

不久，邓小平根据国家的实际情况，大胆提出了房改新思路，并指明在住房问题上商品化是大势所趋。这为房地产业的新生与发展奠定了理论基石。

早在 1982 年，深圳特区就率先向土地使用者收取使用费，开始了土地制度改革。城市住宅建设也由原来的国家投资，改变为企业和个人也可进入的领域。

1983年，在国家统计局的产业统计序列中，房地产业第一次出现了。从此，房地产业有了自己的合法身份，一连串有利于产业发展的事情也接踵而至。

1984年，房地产业首次在《政府工作报告》中被提到："城市住宅建设，要进一步推行商品化试点，开展房地产经营业务。"有了试点就有希望，商品房建设的坚冰开始破裂。以哪里为试点呢？作为改革先锋和实验田的经济特区已经先行了一步，自然是不二之选。

经过四年的实践和研讨之后，具有历史性意义的房改政策——《国务院关于城镇分期分批推行住房制度改革的实施方案》出台了，改革的重点是将已经落后的福利分房体制转向市场化的住房体制。同期，在第七届全国人大通过的宪法修正草案中，加入了"土地使用权可以依照法律规定有偿转让"的内容，扫清了房地产业发展的最大障碍，为土地的合法流转提供了法律支持。这两件大事成为中国住宅商品化和房地产业加速发展的重要推动力量。

新的企业经营方式和新经济体制的叠加效应，在房地产业得到了充分体现。几乎空白的市场空间、无限的商机、巨大的利润……中国房地产企业数量由过去的数百家，在短时间内就迅猛增长到了三千多家，而且还有不断增长的趋势。越来越多的企业和个人在房地产上逐年增加投资。这些敢于下海尝试但却对市场经济懵懂无知也没有经历过大风大浪的开发商们，很快就受到了市场的"洗礼"。

到1992年时，全国房地产企业达到了一万七千多家，大量资本被投入到房地产上，房价倍增。房地产市场第一次出现了过热症状。随即，国家出台了一系列政策对其进行调控。由于国家对市场经济调控手段的运用尚不娴熟，加之宏观调控措施的效果具有一定的滞后性，因此这次房地产业过热的情况直到1995年才得到遏制。

"一放就过，一收就死"，正是这个时期房地产业的真实写照。在宏观调控措施初见成效后的1996年和1997年，房地产业和住宅建设出现了增长过慢的不利局面。

3. 高歌猛进的十年

1998 年，国务院颁布了著名的“23 条”——《国务院关于进一步深化城镇住房制度改革加快住房建设的通知》，银行业也开始在这一年发放个人住房按揭贷款。在多种利好政策的驱动下，房地产业开始了长达十年的狂飙突进般的发展。

这十年间，中国的房地产投资一直以年均 20% 左右的速度增长着。城市人均住宅面积从不足 20 平方米增加到了近 30 平方米，为国民经济的发展做出了有目共睹的贡献。据统计，中国每年增长的 GDP 数值中，房地产业提供了 10% －20% 的贡献。房地产业作为龙头，带动了周边几十个产业的共同发展。研究发现，仅房地产业的住宅消费带动的相关产业的发展系数就达到了 1.5 －1.7，即每投入 100 元，就能拉动 150 元－170 元的周边产业需求；而中国的房地产投资每年都超过了 1 万亿元，可想而知它所能产生的带动作用有多大。

另外，房地产及其周边产业，大都属于劳动密集型行业，它们的快速发展还能给社会提供大量的就业机会，提高就业率，减少社会震荡。仅 2006 年，房地产及相关行业的从业人数就达到了 4 000 多万，按每年房地产的住宅建设增加 6 亿平方米计算，就能新增 1 300 多万个就业岗位。

仅 2008 年一年，中国房地产商品房的施工面积就达到了 28 亿多平方米，竣工房屋面积和销售面积均为 6 亿多平方米，而 2001 年全国城市房地产建设总面积才 6 亿平方米左右。可见，房地产在推动工业化、城市化方面起到了重要的作用。

房地产企业是国家的纳税大户，同时还是许多地方政府财政收入的重要来源。据调查，一般城市财政收入的四分之一来自国有土地出让，而经济发达的深圳等部分一线城市，土地出让金则占到了地方财政收入的三至五成，成为地方政府名副其实的“钱袋子”。这个数字近年还有不断增加的趋势。由城市化建设带来的城市基础设施的大规模改善，不但加快了地方的城市化进程，还带动了许多三资企业的兴盛，盘活了地方经济。

正是在这十年中，中国大中小城镇的面貌都发生了巨大的变化，新建房屋总面积是原有旧房屋面积的数倍，在旧城的原址以及周边地区，如雨后春笋般出现了一座座新城区。很多常年在外求学、工作的人，回到家乡时往往找不到以前熟悉的街道了；而在一线大城市，许多土生土长的本地出租车老司机也常常在新城区中“摸不着北”。

为了让这一新兴的重要产业能够健康发展，国家时刻关注着它的动态，及时调控其中出现的问题。当房地产再度出现投资火热、大套型住宅比重过大、房价上涨过快的苗头时，国务院在 2005 年、2007 年两度出台调整措施，但效果不佳。而在全球金融海啸的冲击下，在 2008 年下半年，中国房地产市场开始出现增长减缓、销量下滑的“熊市”，大量购房者持币观望态度明显。面对突然降温的市场，连续享受了十年红利的房地产开发企业顿时方寸大乱，一时间，整个行业人心惶惶。

世界上没有只涨不跌的市场，同样，也没有只涨不跌的房市。市场这只“无形的手”对有些过热的房地产进行调整本是一件有益的事情，能促使房地产市场更加健康地发展。但是，一场始料不及的金融风暴却拯救了众多的房地产开发商——由美国次贷危机引发的金融风暴，在爆发几个月后席卷全球，并最终波及到了中国。

美国房地产及金融业出现的危机，成为中国房地产业继续迅猛前进的动力，听起来颇令人有些啼笑皆非，但这就是经济全球化带来的结果。

在这场金融风暴中，欧美等西方国家的经济元气大伤，由不良房贷引发的金融机构破产潮一波接一波，机构重组变幻纷繁更是令人眼花缭乱。虚拟经济的失败直接影响到实体经济的运转，各行业失业人数大增，因无法偿还房贷而被没收房屋的无家可归者不计其数。居民收入降低，消费能力直线下降，直接影响到中国以出口为导向的经济发展。沿海地区大批外向型工商企业纷纷消减产能，甚至停产以避“风头”，大批工人失业返乡。中国其他行业也不同程度地受到了影响。

为了减弱金融危机对中国的影响，以期在不利的世界经济环境中继续推动国民经济发展，政府果断推出了4万亿元的“一揽子”投资振兴方案，并调整了经济调控政策。此举极大地振奋了国内经济，其中，房地产业也受益匪浅。

在信贷支持、政策刺激的双重努力下，2009年初房市小阳春出现了，房地产市场下行的危机不但消弭了，而且新的楼市热潮又重现江湖。2009年第二季度，“地王”频现、房价继续上涨、新开盘楼房供不应求……红火的楼市还吸引了许多其他行业投资者的进入，也令不少外资房地产“巨鳄”垂涎三尺。在金融危机中遍体鳞伤的他们，也希望能够参与到这场地产“盛宴”中，以弥补自己遭受的损失。

4. 成长中的烦恼

房地产业其实同任何其他行业一样，有着自身的生命周期。只有经过了初生期、成长期后，才会逐渐步入成熟期。

在西方发达国家，包括美国在内的房地产业都有着百年以上的发展历程，期间既有辉煌期，也有低潮衰退期，至今仍是所在国国民经济中的重要经济力量。而房地产业在中国的全面发展，不过才二十多年的时间，尚处于快速成长阶段；期间出现市场调节等些许波折在所难免，但不可能出现整个行业“崩溃”的局面。

而且，中国的城市化程度仍处于较低水平，除了一线城市和少部分二线主要城市外，全国大部分地区的城市化进程远未结束。根据国家的城市化前景规划分析，如果全国的城市化建设每年都增加一个百分点的话，那么在未来二十年内，将有至少4亿人口涌进各大中小城市，住宅等房地产的需求仍较强劲。同时，中国的流动人口将近1亿，每年还新增劳动力1 000多万，这些人群有着庞大的住房需求。

翻阅近三十年的中国房地产发展史，其中既取得了“敢叫旧貌换新颜”的令人瞩目的成绩，也有诸多的经验教训值得汲取。相信在将

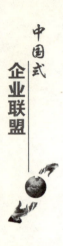

中国的城市化大潮

来的房地产市场中，政府会更加娴熟地运用行政调控和经济调控两种管理手段，对房地产业适度管理，使其逐步迈入良性和理性的发展之路，从而进一步深化中国住房体制改革。

在激烈的房地产市场竞争中，以往那种粗放式开发模式日渐式微，提高住宅建筑质量和科技含量、更加重视人文居住环境，将成为房地产开发企业的竞争焦点之一。

经济增长方式的转变，意味着原有的靠大规模投资“铁公基”拉动经济的模式将会逐渐改变，房地产业也会随之变化，最终将由事实上的背负过多责任的国民经济“支柱产业”，转变为更为合理、健康的重要产业。

当下的房地产业虽然存在种种不完善之处，但是身处全球最大的经济高速增长国家之中，这个行业仍有近二十年的发展红利期。只要政府调控得当，同时有一个良好的市场竞争环境以及合理而完善的住房分配体制，房地产业还是能给我们的国民经济做出长期贡献的。

第三节

房地产代理业应运而生

经过三十余年的发展，房地产业已经成为我国国民经济中的一个重要行业。以它为核心，与周边数十个行业形成了大规模深度协作、共同发展的良性循环态势。其中，房地产代理业就是一个有代表性的周边服务行业。

房地产代理业务，就是指房地产代理机构在房地产交易的过程中，为委托人提供交易信息和居间代理业务等服务，并收取一定佣金的经营活动。目前，我国房地产代理企业主要从事为开发商代理楼盘，为个人业主代理物业的转售与租赁等服务性业务。它是房地产市场供需双方的桥梁和纽带，起着信息流通、促进交易的作用。

房地产代理企业是房地产商品交易双方都离不开的中间人，它们堪称房地产市场正常运转的“润滑剂”和“平衡器”。房地产业能迅速成长壮大，与代理业的持续贡献密不可分。

1. 房地产代理业二十年

房地产代理业作为一种智力型服务行业，在国外已有近百年的历史了，但在我国仅发展了二十多年。和房地产业一样，房地产代理业也属于新兴的朝阳行业。我国房地产代理业是随着房地产市场化改革发展而来的，这些年来，其专业化程度在逐步提高，行业价值不断得到体现，市场前景十分广阔。

从1988年底我国房地产代理企业正式出现在消费者面前时起，它的发展大致经历了三个阶段。

1988年底，在“改革试验田”深圳，政府举办了一次土地拍卖会，会上出现了第一家房地产代理企业的代表。从此，很多业内的“外行”人士，才知道房地产也是需要服务和代理的。但是，说归说，做归做。不久之后，出奇顺利的市场行情让初做房地产开发的投资者和企业尝到了甜头：盖好的房子供不应求，这么好的卖方市场，哪里还用别人再帮自己推销?!

面对在全国范围内放开不久的房地产市场，房地产代理企业并没有得到自己服务对象的过多关注。当时，它们起到的作用，更多的是一种象征性的意义——开辟了房地产服务新大陆，我来了、我存在，仅此而已。

但是，这个不起眼的小行业，在短短的几年中，却随着房地产市场的前进步伐，迅速发展壮大了。到1993年的时候，北京、深圳、上海等一线城市纷纷出现了房地产代理公司，仅深圳一地，房地产经纪公司就达到了七十余家。国外知名代理企业也开始进驻大陆市场，并策划了一些有代表性的经典项目。其中，有两个案例至今还被人们津津乐道：代理公司将北辰花园别墅项目以高出开发商定价三倍的售价售罄；而万通新世界广场，也以高出开发商定价两倍多的价格被售出。“用业绩说话”，这些成功的操盘让开发商们开始对代理公司刮目相看。

那时的本土房地产代理公司，大多数还处在房地产项目策划的初级阶段，“点子大王”的色彩较为浓郁。在国外同行的竞争压力下，它们为了打开业务局面，想出了许多令人叫绝的创意。例如在20世纪90年代初，许多代理企业在代理销售楼盘时，采用经过严格培训的销售队伍，让购房者享受到了“上帝”般的服务；在销售楼盘时，将接待地点直接设在项目现场，这成为日后售楼处的雏形……许多地产操作方法都是来自于这个时期的“创造”，而现今国内一流的房地产代理公司也大都是在那个时期成立的。

但是，那时的代理公司所代理的楼盘份额，在整个房地产市场中仍然非常小，在有的城市甚至可以“忽略不计”；代理收入也很少，处在“不赚钱赚吆喝”的尴尬境地。

房地产代理企业受重视程度的提高，还要“归功于”1993 年楼市的“降温”。在国家的宏观调控措施下，炒房客们偃旗息鼓了，原来的集体购房热潮也消退了，大批新房被闲置。房子卖不出去了，原本头脑发热一心建房从不担忧销路的开发商们着急上火了。

“疾风知劲草，危难识英雄”，代理业一显身手的时候到了。提炼卖点、重新定位包装楼盘、采用新的销售手段……真正是“八仙过海，各显神通”，市场低潮期中一个个原本滞销的楼盘被溢价销售。不过在取得一些成就的同时，诞生不久的房地产代理业也出现了一系列问题：进入门槛过低、过于突出个别策划人的作用、团队建设不规范、专业人才极度缺乏、少量良莠不齐的从业人员败坏了整个代理行业的形象……以致于有的开发商肤浅地理解房地产策划的理念，认为在自己公司里增设了策划部和销售部后，就可以不需要“外脑”的参与了。

1996 年，《城市房地产中介服务管理规定》颁布施行，房地产代理行业的地位逐步为社会所承认。这段时期，同样处在成长中的房地产业和代理业开始了初步的互动。

而房地产代理行业真正的大发展，是从 1998 年以后才开始的。

这一年，国家正式出台了停止福利分房的“23 条”——《国务院关于进一步深化城镇住房制度改革加快住房建设的通知》，房地产业和代理业双双迎来了快速发展的新机遇。接下来的两三年中，代理业在一线城市的二级市场发展迅速，推出了一批有影响力的楼盘项目。

房地产代理的范围从以往偏重于单个项目、注重营销策划，逐渐提升为将房地产服务渗透进房地产开发的整个过程中，在每个环节都能发挥自己智力服务的优势。

在房地产项目开发前，代理企业的身影开始出现在开发商身边。

世联地产的专业团队

它们利用自身的信息优势和策划服务优势，为开发商提供科学、严谨的项目论证和投资策划服务。在项目立项伊始，代理企业就着手进行楼盘的主题定位，并综合利用报纸、杂志、电视、广播等媒体形式进行整合广告传播。一些具有较强实力的代理公司在策划理念上更是领先一步，在向购房者介绍楼盘独特优势的同时，还注重将其与当地的历史文化融合在一起，承载起传承地域文明的重任。这些被赋予人文灵魂的建筑群落大都成为当地一道亮丽的城市风景线，受到购房者的追捧。

在大量的实践中，本土代理公司开始有了自己的地产策划理论派别，如学院派、实战派、全程策划、品牌策划等等。

2000 年，既是一个世纪之交的历史性年份，也是房地产代理业发展的分水岭。随着住房体制改革在全国范围内展开，二线城市的房地产开发开始启动，代理市场成倍扩大，代理公司的数量也在同步增长。到 2010 年，全国房地产代理企业多达数万家，从业人员以百万计，成为国民经济中一个举足轻重的服务型产业。在这十年中，诞生了一批跨地域的地产代理机构，它们凭借雄厚的经济实力、领先的智力资本，在全国房地产市场掀起了一场场激烈的楼市“战争”。

这十年，可以称作是房地产代理业的“黄金十年”。国家经济实力迈上了一个新的台阶，房地产业也发展成为国民经济的支柱产业之一。房地产代理业得到了开发商和购房者的认可，其代理业务的范围不断拓展。随着房地产代理业务的快速增长，整个行业的产值也在大幅度攀升，每年营业收入的增幅都在 20% 以上。其中 2007 年最为突出，其代理收入比往年增长40%，策划收入增长100%。2008年，房地产市场出现波动，代理行业的收入增幅也有所下降，但2009年又开始回升，一直持续至今。

大规模的城市化，还让优秀的房地产代理公司成为地方政府区域规划的民间“智囊”。过硬的专业能力、客观中肯的分析报告，使世联等知名代理商成为中国城市化建设中重要的参与者。

这个时期，无论是海外代理企业还是本土代理企业，都以深圳、上海和北京等一线大城市为大本营；经过激烈的竞争，在业内赢得一席之地后，它们开始布局全国，在其他一、二线城市设立分公司，与当地的同行争夺市场份额。如今，世联等知名代理商在全国大部分一、二线城市都设有分公司，以就近服务当地开发商。

经过近三十年的发展，房地产市场越来越成熟、规范。当初蜂拥而上的大量地方代理公司，在市场波动以及这十多年的激烈竞争中，逐渐暴露出散、小、乱等问题，纷纷败下阵来，行业整合性进一步提高。

2. 大发展时代的到来

对于代理业在房地产业中的地位，世联地产董事长陈劲松曾在《我国房地产中介服务行业的发展前景》一文中归纳过：

> 房地产中介服务企业依靠自己的信息优势和专业知识优势，提供精确的交易信息与专业的咨询建议，促进市场信息的双向流动。它们为消费者提供全面的房产信息，缩短交易时间与成本；为开发商提供准确的市场信息和专业化的咨询意见，降低市场风险并促进开发与销售。它们的存在，大大提高了房地产行业的运行效率，降低了市场的运行风险。

房地产代理业堪称第三产业中的代表性行业，无论是开发商还是购房者，对它的依赖程度越来越深。可以说，只要是涉及“房屋”方面的业务，都能看到它的影子。经济的发展促使行业分工更加细化，从代理业中也衍生出了许多分支行业，例如信息咨询、房屋评估、房贷按揭、租赁买卖、电子交易平台、物业管理等等。这些服务有效提升了整个房地产行业的运作效率，也给人们的工作生活带来了极大的便利。虽然代理业不生产实物产品，但是它的重要性类似于“软件”之于电脑的作用，没有了它，整个房地产业就会“玩不转”。

此外，房地产代理业还具有资源消耗少、能提供大量工作岗位等优势。代理公司主要依靠优秀的人力资源为客户提供服务，为自己创造价值。因此，它们在大量吸纳大学毕业生等年轻劳动力的同时，还以各种方式提高其职业素质。这不但为国家减轻了就业率方面的压力，还为社会培养了大批的优秀人才，同时也使代理公司的生存扩展空间更加广阔。只要能解决人力资源培训和公司治理等问题，一家地方性代理公司也能成长为全国性的大企业。

随着国家出台了一系列与房地产代理业相关的政策法规，整个代理行业日趋规范化。近十年来，房地产代理行业中的优秀企业已经由当初的“小门店”脱胎换骨，发展成为跨地域的全国性的集团公司，其中的佼佼者已经上市，成为资本市场的“宠儿”。更多的代理公司正努力提高自己的专业化服务能力，打造属于自己的服务品牌。

“中国房地产 TOP10 研究组”调查发现，有超过八成的房地产开发商在选择自己的代理伙伴时，将品牌和专业能力放在考量的首位。而世联等知名公司能从“根据地”深圳一路进军到北京、上海等地，并扩展到全国多个城市且获得源源不断的业务订单，正是得益于其在品牌和专业能力上的领先优势。

万科、金地、中海等大牌房地产商都趋向于将自己的地产代理项目外包给专业服务公司去做。2007 年，整个房地产代理业的销售金额达到了 8 000 多亿元。

房地产行业的发展要求更细的社会分工，身兼数职、全能型的开发商已落后于时代的要求，通过代理商进行房地产交易成为大势所趋。

代理行业在高速发展的同时，也正上演着一场“大鱼吃小鱼”的市场争夺战。这个行业的优质资源正越来越多地被那些知名的大公司吸走，强者愈强、弱者愈弱，行业的集中度在不断提高。

2008 年次贷危机引发的全球金融危机波及中国，我们的 GDP 发展受到影响，但在国务院 4 万亿投资、各地也加大投资的背景下，经济很快止跌回升，中国成为全世界最早从危机中走出的国家。这也为房地产服务业带来了光明的前景。

作为一个有着 14 亿人口的大国，我国近 30 年来之所以能始终以 9% 以上的速度发展，和庞大的人力资源密不可分。丰厚的人口红利也给房地产业和房地产代理业带来了良好的发展前景。据专家预测，我国目前的人口红利期能延续到 2015 年左右，这期间适龄人群有较强的购房需求。从 2001 年开始，居民的收入增长加快，储蓄率也居高不下，这成为居民购房的经济基础。根据世界银行的研究报告，一国的住宅产业在人均 GDP 为 300 美元时开始起步；在 3 000 美元 –4 000 美元时将快速增长。2008 年我国人均 GDP 刚好超过 3 000 美元，房地产行业将迎来快速发展时期，而房地产代理业也将迎来大发展的高峰。

另外，国家计生委人口统计显示，从 2006 年到 2010 年，我国已经迎来了建国后的第四次生育高峰，新一代的降临成为房地产业和代理业长期利好的最基本因素。

发达国家在城市化的进程中，都经历了三个阶段：城镇化水平在 30% 以下的准备阶段，在 30% – 70% 的加速阶段，70% 以后的成熟平缓阶段。而目前我国的城市化水平在 45% 左右，正处在加速上升的阶段。

中国的城市化和美国的信息化，被认为是 21 世纪初影响世界的两件大事。在这样一个城市大开发的时期里，房地产代理业的市场空间极其诱人。可以说，这样的市场规模和发展速度，是世界上任何国家的代理业都没有经历过的。

3. 现状与出路

虽然形势一片大好，但风光背后仍有隐忧，房地产代理业和其他许多朝阳行业一样，都面临着甜蜜的烦恼。与国外同行相比，我国房地产代理业整体水平尚落后许多，仅仅处在发展初期，而且行业发展的地域性差别显著。

例如在美国，房地产交易量的85%都是通过代理商完成的。无论是大都市还是乡镇，绝大部分的房地产交易都委托给代理商进行代理。而在我国，即使在经济最发达的珠三角地区，一些城市的房地产交易中也仅有50%是通过代理商进行的。这已经是各地的最高比例了。有些地区和城市甚至连30%都达不到。在内地众多的二线城市中，这个比例更低，有的仅有10%左右。三线城市的数字就更可怜，由于大型代理公司还没有进入，仅有一些本地的小型代理公司存在，因此难以提供更高质量的服务，业务量也非常少。

此外，我国的房地产代理业本身也存在不少问题，例如专业水平不足、人才缺乏、品牌意识薄弱、企业文化缺失、缺少为顾客服务的意识等等。

作为人力密集型行业，房地产代理业所需要的专业性人才却一直处在匮乏状态，不少代理商甚至被这个问题困扰多年了。企业的人才流动性大，形不成稳固的团队，直接影响到企业的发展。

激烈的竞争以及波动的房地产市场环境，让很多实力较差的房地产代理商举步维艰。为了生存，他们采取压低成本、降低服务费用的方法抢订单，在实际合作中又因服务质量较差，很容易给开发商和购房者带来损失，如此不但自毁信誉，还给整个行业带来了不利影响。

在实际代理服务中，部分代理商由于不必承担相应的责任，因此在推广楼盘时往往会为了自身利益而盲目地夸大吹嘘，片面追求销售额，罔顾购房者的利益。结果导致在项目完成后，购房者因感觉受骗和开发商纠纷不断。代理商的这种行为，极大地抹黑了这个行业的信誉。

房地产代理业的竞争性较强。企业要想打造一支精干的团队，就要有一个科学合理的管理机制以及能凝聚人心的企业文化。而很多企业在这方面往往做得不够细致，导致员工缺乏合作精神，人员流失严重。

面对这样的现状，房地产代理商应该采取哪些措施，以保证自己的持续发展呢？其实，领先我们一步发展的西方房地产代理业，早就为我们提供了成功的经验以供参考。

真正的房地产代理人，应该秉持公允的态度为开发商和购房者服务。现在，购房者的心态已经较为成熟，他们更看重代理商的品牌信誉和楼盘的实际信息，一般不会被夸大其词的宣传所蒙骗。而对代理企业来说，为购房者提供可兑现的承诺、贴心周到的服务，更有利于在消费人群中树立公司良好的形象，也能为开发商提供长期的利润回报。这也是代理企业自身可持续发展的坚实基础。

在西方国家成熟的房地产市场中，三级市场的交易情况非常活跃，而且绝大部分都是通过代理商完成的。代理商在三级市场获得的收入往往会占到其总收入的一半以上。而在我国，三级市场尚处于无序竞争状态，压价、回扣甚至恶性竞争非常普遍，许多代理商因此望而却步。不过，随着行业的规范化，这种不健康的市场状态将会逐步改善，其市场价值也会逐渐显现，将成为代理商竞争的又一个热点“地带”。

代理业发展的一个最重要的方向，是资本市场的介入和结盟，这将极大地改变行业现状。自2004年以来，国内房地产代理业的前四名领先企业均成功上市。有了充裕的资本做后盾，代理商们加快了攻城掠地的进度。它们不但完善了在全国各大中城市的布点，还形成了一条上自管理咨询、政府发展顾问、房地产金融投资服务，下至土地评估、营销代理、二手房经纪、按揭服务、物业管理等业务的完整产业链。

同时，这些实力雄厚的房地产代理商开始将业内众多的中小代理企业整合到麾下，形成优势互补，以新的代理集团形式争夺更大的市场“蛋糕”。

市场前景非常美好，但市场竞争十分残酷。这里不仅有“大鱼吃小鱼”的实力竞争型对手，还有“快鱼吃慢鱼”的灵活应变型对手。那么对于普通的代理商来说，前方的路该怎么走呢？如何才能将企业更快地做大做强，实现质的增长呢？

众说纷纭中，世联地产董事长陈劲松提出了自己的看法：找几块试金石，哪些方法有效一试便知。

第一块试金石就是“简单”二字，它用来测试企业能否实现规模提升。在陈劲松看来，企业的规模提升后，其产品和客户成分应该更加简单；而我国的地产业也好、代理业也好，总是把自己定义得很复杂，产品也较繁杂，这样的企业就很难提升规模。

第二块试金石是机制，它能测试出企业的发展速度。无论企业是股份制、合伙人制还是上市公司制，都和“人”密切相关；但过分依赖人的机制，在管理控制上就容易低效。企业发展速度越快、管控越差，问题就越大。如果企业能建立起一套不依赖于人的运营流程和机制，其发展速度就会加快，就不会受到“人”的因素的干扰。

第三块试金石是控制，用来测试企业对效益的控制能力。很多房地产代理商为了追求效益的最大化，往往大搞多元化，不加控制地发展，什么都想试一下。投资也试试，基金也试试。但实际上，地产服务业同其他行业是有区别的，这样东一鎯头、西一棒槌的企业最后的效益常常并不理想。

第四块试金石是持续，它测试的是企业的品牌。在陈劲松眼里，房地产服务与下订单来料加工不同，它是一个过程，其中的每一个环节都需要验收，对服务品质的要求很高。因此房地产代理商的品牌要想持续发展，就要与客户的期望值成正比，甚至还要超越客户的期望才行。

这四块试金石总结起来，就是这样一句话：房地产服务企业的增长源于简单的商业模式、平台的扩张机制和持续的品牌影响力。

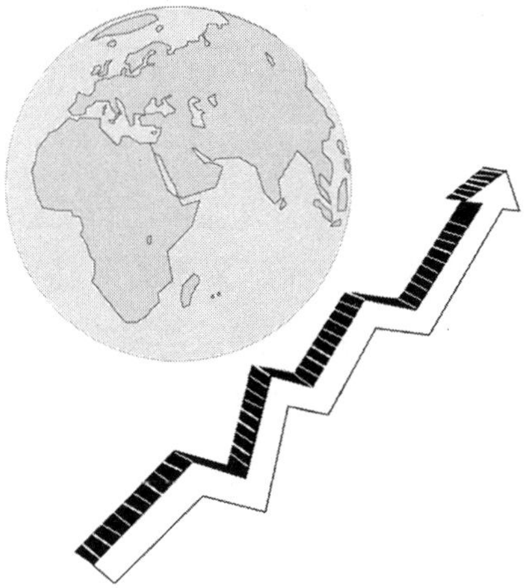

第二章
世联是这样炼成的

1979年，随着一个老人在中国的地图上“划了一个圈”，沉寂多时的华夏大地随之出现了翻天覆地的变化。其中就包括了千年以来世界范围内最波澜壮阔的生活方式革命——大规模的城市现代化进程。从此，中国人开始了大幅度地改善自己居住环境的进程。

众所周知，无论是国外的私营企业还是国内的民营企业，大约有一半只能存活两年左右的时间，有五分之一能存活到五年，能坚持十年而不倒的企业在百家中大约只有五六家，能坚持发展近二十年时间而且越做越强的企业，更属凤毛麟角。世联地产，正是其中的佼佼者，这在以轻资产运营见长的智力型房地产服务企业中，显得尤为难得。世联地产是我国房地产服务行业从萌芽走向辉煌的见证者，也是我国城市化进程伟业中一个重要的参与者和策划者，它的历史堪称我国新兴的房地产服务行业的缩影。

今天，行业内外对世联的印象出奇地一致：它不是一家以盈利为唯一目的的房地产中介企业，它能坚守“诚信”的经营原则；它是为房地产业健康发展出谋划策的“谋士”，更是为给房地产服务行业争取地位而积极奔走的先行者；它是大众可信赖的“安居”参谋，更是一位向大众传递房地产高效信息的热心布道者。

与世联同一时期成立的房地产服务商有数百家之多，大浪淘沙后，所余不过寥寥数家。自 1993 年世联诞生以来，其综合业绩以年均 30% 以上的速度持续稳定增长；2001 年至今，更是以每年 58% 以上的增长速度迅速壮大。世联能从最初几个人的小企业发展成拥有三千多名员工，在深圳、广州、北京、上海、武汉等全国一、二线城市均设有分支机构的 A 股第一家房地产综合服务上市公司，与其独有的企业发展理念和经营模式是分不开的。

第一节

十七载寒暑铸就房地产业轻公司奇迹

如今，世联地产以自己领先的“咨询+实施”智力服务模式，成为全国房地产行业的翘楚，在一、二、三级市场均锻造出了响亮的专业服务品牌。

在土地市场，世联以深圳、北京、上海为中心，为许多城市提供规划建设领域的专业咨询服务，成为业内公认的“中国房地产咨询第

世联地产总部所在地——深圳发展银行大厦

一品牌”。在一级市场，世联十分重视和地方政府的合作，积极参与到城市规划和建设的进程中，为区域规划提供自己独特的智力服务。世联自2001年开始进入北京地区，其后做强专业，成为了北京房地产咨询业的领跑者，并参与了7个新城区开发规划的咨询顾问工作，凭借自己一流的专业能力赢得了政府的认可。

成立十七年来，世联服务了全国近百个城市，在一、二级市场承接了一千多个项目。目前，世联在全国代理销售的楼盘共有二百多个，集中在以北京、上海、深圳为代表的三大经济圈（环渤海经济圈、长三角经济圈和珠三角经济圈）之内。其中以深圳为中心的珠三角项目比重最大，而北京、上海区域的业务量也在直线上升。特别是到2010年世联的全国布局基本完成之后，这些区域代理销售的楼盘越来越多，积累的客户也在不断增加，品牌影响力日益扩大。

秉持着稳健经营的理念，世联从成立至今一直在稳步发展着自己的房地产服务事业，坚持不做其他不相干的业务。这个专注的习惯使它安然度过了一个又一个房地产经济周期的考验，十几年下来成就斐然。上市前，其品牌价值就已达到了16亿元，上市后的公司价值更是倍增。

顾问策划业务是世联三大主营业务中重要的一项，一直在全国居于领先地位。2008年，世联的顾问策划业绩大幅度上涨，业务收入近两个亿。世联的代理销售业务，在珠三角更是居于绝对领先地位，在全国也是位居前列。

2009年是世联辉煌的一年，其总体经营业绩比上一年又有了大幅提升。2009年世联实现营业收入7.38亿元，比2008年增长了44.41%；实现营业利润1.9亿元，比2008年增长了71.39%；归属于上市公司股东的净利润达15 083万元，比2008年增长了127.27%。截至2009年底，世联的总资产已经达到12亿元，比2008年增长了231.40%。其中，归属于上市公司股东的所有者权益比2008年更是大幅增长了323.10%。

在这个丰收年里，世联不但在代理、经纪等主营业务上实现了大幅增长，还完成了对世联行、世联广州、世联东莞、世联惠州、世联北京、世联天津、世联上海、世联珠海等分公司的股权收购工作，将这几家至关重要的分公司收归为自己的全资子公司。从此，世联在全国一、二线重点城市的布局更加稳固，执行力和竞争力也大幅增强。

1. 白手起家

20 世纪 80 年代，陈劲松还是一个兢兢业业的职业经理人。他在香港的中国海外发展有限公司从事房地产项目管理工作已有多年，曾主持参与了海华花园等十余个项目的开发。有着丰富房地产开发经验的他，亲眼目睹了深圳房地产业从无到有的巨大变化，敏锐地察觉到了其中蕴藏的无限商机。于是，他果断地和妻子佟捷一起，回到深圳开拓房地产服务市场。

对于世联人来说，1993 年 4 月 13 日是一个值得纪念的日子，正是在那一天，陈劲松的世联房地产咨询服务（深圳）有限公司正式成立，办公地点就在深圳特区早年著名的国际商业大厦内。

现在回望，陈劲松和世联同仁那时选择进入大陆房地产服务业市场，看上去并不是最佳的时机。深圳这片“改革试验田”，在 1993 年，正和海南、北京和北海等地一样，处于一场房地产“高烧热”。

20 世纪 90 年代初，随着经济的飞速发展，我国的房改进入到了新的阶段，各种积蓄已久的资本力量纷纷涌入房地产业。许多房地产开发商为抢到一块土地而大肆竞争，导致地价飙升。1993 年，深圳的楼面地价最高时已经达到了惊人的每平方米 8 000 元，而每平方米 4 000元 – 5 000 元的地价更是比比皆是。在建省不过四五年时间的海南，房地产市场的火热程度比深圳也不遑多让。两万多家房地产公司，近百亿元的投资，每平方米 7 000 多元的商品房价，不仅没有吓退投资者，还吸引了更多的人投身其中。

显然，这种近乎癫狂的房地产开发热，在经济条件尚未成熟、产业链条仍不完善的背景下，注定会遭到市场力量的残酷惩罚。过热的经济形势，尤其是高烧不止的房地产业，已经影响到了国家经济的正常发展。不久，国家开始实施宏观调控，国务院发布了《关于当前经济情况和加强宏观调控意见》，禁止房地产公司上市，全面控制银行资金进入房地产业。

迎头这一盆冷水，给房地产业着实降了一把温，许多实力不济的房地产开发商或倒闭或转行。沧海横流方显英雄本色。一场大风浪，也筛选出了后来的房地产开发商精英群体：万科、绿城、万达等当今知名房地产开发商，都是从那个艰难时期走出来的。而世联的知难而上，更显示了世联地产创业团队对自身专业能力的自信，以及对大陆房地产业前景的看好。

在国家宏观调控措施出台前，有不少房地产中介公司利用相关法规不完善的漏洞，在经营活动中采取许多“小商贩”式的手段，为自己牟利。例如它们利用掌握的信息优势，在楼盘交易中隐瞒税价等等。这些不光彩的行为给新生的房地产服务行业造成了严重的负面影响。而宏观调控后，受房地产市场大环境的影响，房地产服务业的形势同样十分严峻，国外及香港的房地产服务商纷纷撤出大陆，仍在坚守阵地的企业为了生存，更是不择手段。

此时，在深圳初生的世联，面临的市场环境相当严酷，它怎样才能突出重围，在深圳获得生机呢？

早在世联成立以前，陈劲松就写出了一份《关于兴办新的物业咨询评估机构的可行性报告》。这可能是改革开放以来第一份房地产服务行业的可行性报告，里面预言了世联地产生存和大发展的秘密。在报告中有这样的阐述：

房地产业的咨询、评估，亦即其“软性”服务系统，是现代房地产业体系中的一个重要行业；是房地产市场健康发展的一个不可或缺部分；是实现产业经济运行计划性、公正性和效益性的重要保证；并且先进咨询系统的建设是使房地产业走出初期的简单投资形式，迈向高效的现代化产业的必经之路。

后来，世联地产的创办人佟捷曾在新人入职培训课上，给新员工讲过这样一番话："如果大家读过公司成立时的可行性报告，就不奇怪为什么世联会有今天。因为我们从一开始就很追求规范，我们的立意从没低过。"立意高远的世联，不久就得到了深圳市规划国土局颁发的批文，正式介入房地产服务行业。

获得行业准入证的世联，很快就推出了一系列房地产营销策划的经典之作。

1994 年，在深圳亮相不久的世联，面对上百家国内外竞争对手，大胆策划举办了"深圳小套型住宅展销会"。它还印制了许多名片大小的楼盘信息，在会上散发。这一新奇的推广手法顿时吸引了购房者的注意力，很快就取得了良好的销售业绩，初步打出了世联的品牌。

第二年，世联又策划推出了实惠型住宅专场展销会，并在业界打出了"消化积压楼盘"的口号。在营销方式上，世联又创造性地提出了"现场办公"的概念。它在代理深圳上梅林的华茂花园项目时，一改等客户到公司、再把客户从公司带到现场的原有接待模式，直接到项目建设现场去接待客户。在短短的两周时间内，就接待了千余人，售出 50 套房子，在淡市中创造了 3 000 万元的销售业绩，《深圳晚报》曾对此进行了连续追踪报道。

世联的这些举措在深圳引起了巨大的轰动，并成为日后国内售楼处营销模式的原型。自此，世联算是在早期的深圳房地产服务业中争得了一席之地。

1995 年，世联的喜事还不只这一桩。随着业务量的增加，团队规模也在扩大，世联原有的办公场地显得愈加拥挤不堪。不久，世联又乔迁至深圳当时的标志性建筑——国贸大厦办公，营业面积扩大了两倍。这和其他公司紧缩办公开支以渡难关形成了鲜明的对比。

随后两年，在香港回归前夕，深圳的房地产市场又变得起伏不定。在深圳的外资房地产代理商大都采取保守战略，而本土的代理商则勇于面对挑战，加快了发展的速度。陈劲松后来回想这段岁月时，认为这两年，反倒是世联等本土房地产服务商难得的发展机遇。

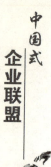

虽然楼市黯淡、生意难做，但企业仍要经营运转，这时就体现出房地产代理这一新兴的智力型企业的竞争特点来：它们靠策划、营销等智慧型的“软实力”竞争楼盘代理项目。这一时期，世联等代理商开始了新代理模式的探索。在吸收香港、台湾等地房地产服务经验的基础上，它们摸索出了“促销会”、“独家代理”和“售楼处”等多种代理销售手段，有效解决了积压楼盘和新项目销售不畅等问题。

2. 激动人心的四年

1997 年到 2001 年，被称为世联地产发展史上“激动人心的四年”。

在这四年中，世联实现了跨越式的发展，不但业绩增长迅猛，而且逐渐形成了独有的企业文化和现代企业管理的架构，为世联日后的全国布局、成功上市奠定了坚实的基础。更值得一提的是，作为一家以提供咨询、代理等智力型服务为主的本土企业，世联在这四年中还确立了自己的品牌，并拉开了和竞争对手之间的距离。

1997 年的 5 月，世联又推出了一项令人震惊的举措——开展店铺式经营，并首先在深圳地区设立了多家分店。这一具有战略远见的经营方式本身，就是世联策划营销实力的最佳证明。随着接手的业务越来越多，世联的规模和代理能力也在迅速增长，越来越领先于竞争对手，从一家以评估为主业的小型公司走上了深圳房地产中介首席的位置。

1997 年 10 月，世联参加全国首例项目策划招标会——“深圳特力花园项目策划方案招标会”，并从众多境内外竞争对手中脱颖而出，一举中标。同年 11 月，由世联代理的楼盘宝安广场，大胆采用了与中小企业客户访谈、写字楼弹性切割等新颖的营销方式，一上市即引起强烈反响，出现了写字楼市场空前绝后的抢购现象。一个积压多年的楼盘在世联经手三个月后售罄，一举实现了一亿元的销售业绩。

1998 年，两个后来在深圳房地产历史上成为经典的项目——国际文化大厦和星河名居，由世联操盘，采取改户型、改案名、营销先行、排队认购等方式，在写字楼市场和高层住宅市场引起轰动，导致业内对“MyOffice 现象”和“星河名居现象”展开了大讨论。

1999 年 9 月，世联受深圳市盐田区政府和盐田区规划国土局委托，开展大梅沙区域规划研究。这是深圳历史上第一次由政府委托房地产咨询企业进行区域发展战略专业研究，也是世联区域研究与营销业务发展史上的里程碑。从此，世联开始为政府提供的土地出让标的担任顾问。

2000 年后，随着住房体制改革的成效逐步显现，房地产业再次升温，外资房地产服务机构纷纷加快进入步伐。而逐渐成长起来的国内房地产代理商们，在对自身商业模式（服务模式、业务模式）变革的同时，也加大了“跑马圈地”的速度。

在短短的两年时间里，世联不但将深圳深耕为自己的“基地”，还随着房地产市场的转暖，横跨数千里，将业务扩展到了首都北京。

2001 年 2 月，北京世联房地产顾问有限公司正式成立。两个月后，北京世联第一个代理项目亮马名居开盘。开盘后，亮马名居的均价不断攀升，世联的专业实力初步显现。紧接着，锋尚国际公寓项目的策划成功，使得“告别空调暖气时代”的广告语传遍京城。楼盘均价从世联接手前的 7 000 元/平方米，迅速攀升至 11 000 元/平方米，成为当年京城热销楼盘的代表。

一年后，武汉世联房地产顾问有限公司、广州世联房地产咨询有限公司相继注册成立。至此，陈劲松等世联高层酝酿已久的“世联中国”图景初步显现。

“深圳、北京、广州、上海这四个 GDP 水平最高、市场容量最大的城市将作为‘世联中国’的主战场，要非常深入和稳健地把当地的公司做到最专业、最具品牌、最有影响力，如果今年做不到，我们明年做；明年做不到后年做，一定要努力成为在当地最具影响力、最具权威性、最受欢迎的专业机构。”是年，佟捷在北京公司员工大会上这样说道。

在千年之交的时刻，陈劲松应邀写了一篇有关深圳特区房地产服务行业诞生和成长的文章《一个行业的诞生与成长——特区房地产中介发展的感想》。在文章中，他认为我国房地产服务业之所以能快速发展，离不开当时深圳特有的环境优势，至今深圳仍是世联的根基所在。

他在文章中这样写道：

20世纪90年代前期，上海等大城市房地产市场相继启动，笔者曾走访它们的中介机构，突出的感觉就是（它们）几乎全是事业单位，为中介而中介，同时渗透着管理职能，官气十足。这样的机构基本上不是市场催生的，而是行政管理发动的。它们既不解决市场中的问题，也不大可能进行专业服务。反观深圳，中介一开始就走在市场中——为企业投地提交市场报告，为银行抵押物进行评估，代理物业的租售等。

20世纪90年代中期的宏观调控对深圳的房地产业形成了一个不小的考验，过热的二级市场降温了，香港炒家绝迹，集团购买力消失。深圳的中介行业在淡市的痛苦中开始思考自己的行业生存之道，照搬香港同业经验显然不行（当时香港同业主要服务于三级市场），而以往的跑手续办证等业务不足以支撑，必须直面淡市解决二级市场的营销难题——积压楼盘重新定位，新上项目前期策划，多手段营销推广。

当我们在新千年比较深圳与其他城市的房地产市场的时候，谁都不会忽略掉其中的这一重要的差别——那就是活跃在深圳市场中的中介咨询机构。无论在广度（二、三级市场，评估、租赁、经营物管等市场）还是在深度（专业解决问题的能力）上，由于香港同业的介入，使得该行业的竞争和分化逐步并踏实地走在全国同业的前列。最后应该特别指出的是，深圳独特的环境是房地产中介得以成长的前提——明晰的规则，开放发育的市场，特区人脚踏实地的精神和竞争带来的信誉机制。即使是在今天，这些独特的综合优势也是其他地方不可比拟的，毕竟特区开放市场二十年了！

3. 南征北战

1997 年亚洲金融危机爆发后，我国的外向型经济受到影响，房地产市场也出现了一段低迷的时期。但从 1999 年开始，随着我国宏观经济形势的转好，一、二线城市的房地产市场得到了新的发展。2001 年，全国房地产投资达到了近 5 000 亿元，同比增长近 30%。

随后的几年中，个人买房的观念逐渐被大众所接受。入世、奥运等利好消息，都成为房地产市场蓬勃发展的助推器，房地产业对经济增长的贡献也连年递增。到 2003 年时，我国的房地产投资比例已经由前几年的 17% 上升到了 25%，带动了数十个相关行业共同发展。房地产业从那时起，已经成为国民经济的支柱性产业。

在上海、深圳和广州等地，由于房地产开发时间较早，一级市场管理已经较为严格、规范，房地产开发商的开发理念、楼盘质量等也一直处于全国领先水平。北京、天津等城市紧随其后，也遥遥领先于其他内陆城市。正是这样的房地产市场环境，使世联的全国发展布局偏重于深、沪、京三大经济区域。

八年后的今天再回首看去，佟捷的那番话已经完全实现了。如今的世联，已成为全国性的房地产服务提供商。它以深圳为总部，逐步建立起了珠三角、长三角和环渤海三大业务中心，拥有数十家分支机构，为全国各地的客户提供高品质的房地产综合服务。世联以独特的“咨询＋实施”业务模式，提供从区域开发、旧城改造、土地出让到项目开发、销售以及二手房租售等综合服务，并凭借本地智慧和全国共享的知识平台，为客户跨地域和细分市场下的多样化、精细化发展提供强有力的智力支持。

在北方地区，世联携先进的顾问理念和丰富的操盘经验，特别是在代理高端物业方面的优势，很快就成为区域中的“三高”领先企业。

所谓“三高”，即“高销售率”、“高满意度”和“高标杆性”。

世联代理的楼盘项目中，有九成在规定时间内售罄，其中更有八成项目为高溢价销售，使客户的利益实现最大化。世联已经成为高销售率的代名词。

2007年底，房地产龙头企业万科集团内部进行的一项盖洛普客户满意度调查显示，由世联代理销售的万科东第项目和万科金阳公寓项目均得到满分成绩，在万科集团诸多的项目中，双双排名第一，成为客户高满意度的标志。

此外，北京区域世联代理的项目中，每年都有市场标杆楼盘、明星楼盘出现，都会在房地产界引起轰动效应。

2003年，世联进入上海，其代理业务也在逐年递增。随后，世联在杭州、长沙、东莞、佛山、珠海等重要城市也开始设立分公司，珠三角和长三角区域逐渐完善布局。随着实力的增长、公司顾问和代理的项目大幅增加，世联的品牌知名度也在迅速提高，在局外人看来，世联发展到这一步是那么的顺利。其实，成绩的背后，是世联高层冷静的计算，他们在扩张的同时，始终牢牢掌控着迈步的速度。

世联的COO朱敏在回答新浪网深圳房产频道的专访时曾说：

2005年，世联提出了“稳健、创新、服务中国”的口号。其中，最关键的就是“稳健”二字。世联不能追求过快的发展速度，应以稳健的步伐发展，在稳健的基础上以策划领先，保持一贯的优势创新，做全国最值得开发商和小业主信赖的公司，在这个基础上争做全国第一。

……

世联不会为了短期的辉煌全国撒点，而是会扎扎实实地建立每个分公司，让每个分公司在本地市场能够快速成为第一。在继续巩固和强化优势的基础上启动全国战略，选择一些核心城市进入。选择城市的依据不仅仅依靠城市的GDP、人口规模、城市竞争力指数、常规成熟评价指数以及当地市场对于世联代理接受的程度，还有世联自己的评价体系。

得益于这种冷静、务实的作风，到2006年，世联已经实现全国一手商品房代理销售面积310万平方米，销售金额295亿元，比上一年增长100%。上海世联经过两年多的迅猛发展，形成了顾问和代理两大服务领域，其业务以上海为服务中心，已辐射到苏州、无锡、常州、南京、合肥等长三角经济圈的重点城市。

【世联观点】长沙的客户突破策略与价格突破策略

在经历了2007年－2009年的市场起伏后，众多二线城市的大盘大多面临重重困境。在此背景下，2009年，世联长沙的客户突破策略与价格突破策略取得了很好的成效。

客户突破策略

（1）客户定位延伸到区域外。外来人口对长沙无区域情节，长沙作为湖南单核心城市，各地、州、市人口进城购房的比例较大，因此大盘可通过加强异地拓展，解决客户资源的问题。

（2）借势政府规划。以地铁概念为例，通过宣传地铁将给市民带来的生活方式革命，提升项目的可到达性，缩小客户心理距离，从而扩大客户群体的覆盖范围。

（3）加强内部自身配套的规划，满足客户日常生活所需。如与名校联姻、引进品牌超市、通过加强配套建设解决客户的后顾之忧，从而吸收市中心被价格挤压的购房群体。

（4）进行科学合理的产品定位及客户定位。如有车一族的生活半径比没有私家车的客户要广，别墅的客户比白领对生活配套设施的依赖性小，投资客户比自住客户对配套的依赖性小。因此，需合理进行产品配比，以此突破客户资源不足的困境，从横向和纵深两个维度扩大客户群体。

价格突破策略

（1）通过不同产品组合来提升项目品质，实现价格的突破。如保利麓谷林语别墅与普通住宅合理组合，并且同期启动开发，利用别墅产品来拉升整个项目的品质。

（2）产品逐步升级的梯级开发策略。如湘江世纪城，前期开发普通高层住宅；待配套成熟之后，在后期开发高端高层大平面组团。再如阳光100启动时在资源相对一般的组团开发初级产品，以低价聚集社区人气；当后期配套逐步成熟之后，在资源较好的湖景组团开发相对较高端的产品，实现产品溢价，提升价格空间。

（3）附加值法，通过增加产品附加值来实现价格的突破。如保利麓谷林语通过N+1的产品设计，提升产品品质，实现价格突破；恒大华府、恒大名都、新城新世界通过送精装修来提升价格，其住宅以成本价销售，以赚取装修差价作为其盈利模式。

值得一提的是，2006年上海世联成功签约了三个杭州市场的销售代理业务，这不仅标志着世联房地产在长三角区域布局三年之后，成功进入了杭州房地产代理市场，还标志着世联房地产主动与世界五大房地产代理商同台竞争的时代到来了。

随着杭州楼市国际化的日益推进，包括世邦魏理仕、仲量联行、第一太平戴维斯、戴德梁行、高力国际在内的全球五大行都已经正式落户杭州。杭州楼市在开发、销售以及物业管理方面，均是长三角房地产市场的领头羊，其市场化、专业化程度普遍比较高。世联进入杭州代理市场，看中的就是可以与全球五大行展开竞争，提升世联的综合服务水平。

同年，世联被评为“2006中国房地产策划代理百强企业”第二名，华南区TOP10第一名，世联在业内的领先地位逐渐稳固。

2006年，世联提出了自己的企业发展“十年战略规划”，主要内容如下：

成为一家主营业务全国领先的公司；

成为一家全国性的公司；

成为一家房地产服务产业链条完整的公司；

成为一家具有国际品牌的公司。

为了顺利实现这个宏伟的愿景，世联高层将其分为三个阶段实施，即2007年－2008年聚焦主营业务，2009年－2011年完成全国布局，2012年－2016年进入品牌经营阶段。

2007年，世联将更多的精力放在了提升自己三块主营业务上。在上海，世联代理了更多的项目。其中就有著名的鹏欣一品漫城项目。该项目位于浦星路568号，近芦恒路口，项目占地面积543 400平方米，建筑面积501 720万平方米，容积率0.92，绿化率52.5%，是属于浦江门户的50万平方米都市HOUSE社区，共有2 919套住宅。

世联对这个项目提供了全方位的策划和销售代理服务。在整个团队的一体化配合协作下，他们提供了高质量的营销服务，确保了项目营销战略步骤的准确实施。世联在提供专业、系统而细致的服务的同时，还高效率地完成了营销任务。仅2009年上半年，该项目总销售额就达到了5.77亿元，完成了代理销售任务的80%，成为上海市外环外价格持续攀升、稳定热销的标杆楼盘。世联的这种成功代理案例，在那几年中比比皆是。

【营销实战写真】卓越世纪中心的营销佳绩

2008年下半年，世界金融海啸来袭，再次重创写字楼市场。在一手写字楼整体呈现量价齐跌态势、客户犹豫观望情绪严重的时候，世联接手了深圳卓越世纪中心的代理项目。

卓越世纪中心由4栋楼宇组成，总占地面积30 163平方米，总建筑面积465 952平方米。其中归属卓越所有的一号、三号和四号楼，在规划中分别为超甲级写字楼、小面积公寓产品和甲级写字楼。

对于具有办公性质和商务公寓色彩的三号楼小面积产品，卓越项目组引入了“精品写字楼”形象。后期销售结果证明，三号楼精品写字楼得到了市场的追捧，并对四号楼的销售起到了强势的助推作用。从5月底开盘截止到7月底，项目销售金额超过20亿，实收均价高达3.1万元/平方米，销售面积6.6万平方米，超过2008年全年深圳关内写字楼的预售面积。在中国指数研究院2009年上半年全国写字楼销售额排名中，卓越世纪中心名列首位。

具体来说，世联卓越世纪中心项目组采取了以下策略顺利完成了销售任务。

（1）打造出“你是中心”的营销主题，实现顶级区位最佳的市场表达与价值让渡。项目开盘之后，所有的广告均以“你是中心”为主题。意指业主是中心，业主在中心，业主是深圳未来发展的中心力量。此主题的营销推广在“2009年博鳌·21世纪房地产论坛”上，荣获年度商务综合体营销大奖。

（2）精准营销，高档写字楼的低成本推广。卓越世纪中心从4月初开始推广，短短40天就实现了项目销售信息的有效传递，这得益于项目组在营销中坚持“三集中原则”所达到的低成本精准营销。

“三集中”即“诉求集中”、“时间集中”和“渠道集中”。

①诉求集中：营销推广围绕并强调“我是中心”的项目主题定位，凸显项目是中心区唯一可售写字楼，占据核心区位。

②时间集中：在开盘前三周实施集中式宣传推广，准确把握客户从接收信息到产生影响的心理时间。

③渠道集中：对项目广告的覆盖地点进行了精确的筛选，聚焦在华强北、机场、整个深圳中心区公交站等商务人士集中地点的写字楼楼宇广告。

（3）客户认筹，用对待住宅客户的方式对待写字楼客户。在楼盘的销售中，世联项目组大胆采用住宅销售的认筹模式，推出大客户优先的原则，分批放出房号，制造稀缺效应，有效推售房号，营造热销口碑，实现完美的预销控。

4. 登陆A股市场

世联高层在有序扩展公司业务规模的同时，也描绘出打造一个成功的智力服务型上市企业的宏伟蓝图。在推出“十年战略规划”后，世联高层就开始了上市的准备工作。他们首先整体改制，成立了深圳世联房地产顾问股份有限公司，简称“世联地产”。

2008年，金融危机突然降临，全国楼市一片愁云惨淡。在急转直下的经济形势面前，世联及时作出调整，在确保公司财务安全的同时，使业绩在同行中依然保持领先地位。世联全年的代理销售、顾问策划、经纪业务占公司经营收入的比例分别为56.5%、35.7%和7.3%，仅二手经纪业务所占比重比往年有所下调。

“根据市场大势起伏，世联可以调整三大业务的比重以缓解行业周期性调整带来的冲击。”世联高层底气十足地对媒体披露说。

在世联A股上市前的路演中，陈劲松总结道：“基于中国房地产市场发展的不平衡，为缓解单个区域市场占公司业务收入比重过大的风险，公司自2001年以来即开始实施平台发展战略，逐步建立起了珠三角区域、长三角区域和环渤海区域三大业务中心。”

在世联的规划下，三大区域布局在2010年全面成型，使公司具备了服务全国房地产市场的能力，有效地降低了区域经营风险。与此同时，世联还建立起了广泛稳定的客户基础，避免了过度依赖单一客户的风险。自2006年以来的连续四年中，世联的前五名客户占总营业收入的比例均不足20%，广泛而稳定的客户群体无疑是世联在房地产服务市场不断发展的强大支持力量。同时，世联富于前瞻性的平台战略和稳健的经营作风，也成为其顺利渡过行业调整期的保障。

在陈劲松等世联高层眼中，房地产服务业的前景十分广阔。由于我国房地产服务业起步较晚，其专业分工程度和国外发达国家相比还有很大差距。未来的房地产服务市场的竞争，将是品牌之争。

目前，世联的品牌影响力和市场地位已居全国前列。其中，世联的顾问策划业务具有非常明显的优势，其品牌形象早已深入各地客户的心中；代理业务的基础非常扎实，成长性非常好；经纪业务正蓬勃发展，在可见的未来必将成为世联一个重要的盈利来源。此外，世联初步完成全国业务布局，已经具备了服务全国房地产市场的能力。这对它在未来的竞争中继续保持领先优势非常重要。

"百尺竿头，更进一步"，陈劲松等人希望成功上市能强化世联的品牌地位，提高世联在全国市场的份额，成为世联又一次腾飞的新起点。

2008 年 8 月 4 日，中国证监会发行审核委员会审核通过了世联首次公开发行 A 股股票的申请。

2009 年 8 月 28 日，世联成功上市，成为境内房地产综合服务第一股。自此，世联开始了它的房地产服务新征程。

世联地产高管参加上市路演

世联地产的上市公告，显示了世联借助 A 股东风加大全国布局的意图。公告称：经三地路演询价后确定发行价为 19.68 元，对应的发行市盈率为 37.85 倍。世联房地产发行股份数量为 3 200 万股，其中网下配售数量为 640 万股，占本次发行总量的 20%；网上定价发行数量为 2 560 万股，占本次发行总量的 80%。募集资金 17 393 万元投资顾问代理业务全国布局项目，这标志着境内首家房地产综合服务商登陆国内资本市场。

陈劲松在接受《中国房地产报》记者的采访时介绍：

募集的资金将会投向以珠三角区域、长三角区域、环渤海区域和西南为中心的城市群，以及向其周边经济辐射区范围内的二、三线城市扩张，投资增建新的分支机构，现在已设立了12家。……世联在上市后，仍凭借其特有的"平台不败"的核心竞争能力，通过坚持"咨询+实施"的经营模式，加速业务的全国化布局，并承诺永不介入房地产开发。

根据世联的规划，募集的资金中的大部分将在三年内新建20家子公司，并通过这些子公司辐射周边城市；一年内向北京、上海、天津、杭州和厦门子公司共增资5 984.05万元，在五个城市周边地区开设分支机构，快速提升在这些区域的品牌知名度，提高市场份额。此举将有效地提升公司的核心竞争力、扩大公司在各区域的市场份额，最终实现公司的战略目标。

【地产荣誉】世联近年来获得的殊荣

2005年

——2005中国房地产策划代理百强企业百强之星

——2005中国房地产策划代理品牌价值TOP10

——2005－2006中国住宅策划代理机构百强

——2005中国品牌年度大奖

——2005中国房地产AAA级信用企业

——2005中国诚信房地产经纪企业十强

——泛珠区域房地产策划顾问品牌企业

……

2006年

——2006中国房地产最佳综合服务品牌

——2006中国房地产策划代理综合实力TOP10

——2006中国房地产策划代理品牌价值TOP10

——2006年全国优秀房地产经纪机构

……

2007年

——2007中国房地产策划代理综合实力TOP10

——2007中国房地产最佳综合服务品牌

——2007中国房地产策划代理企业品牌价值TOP10

——中华英才网杰出人力资源管理企业

……

2008年

——2008中国房地产策划代理综合实力TOP10

——2008中国房地产策划代理品牌价值TOP10

——2008中国大学生十大行业最佳雇主（房地产行业）

……

2009年

——2009中国房地产策划代理综合实力TOP10

——2009中国房地产策划代理品牌价值TOP10

——2009中国房地产诚信企业

……

第二节

世联领跑行业优势的四大法宝

“地产咨询公司因其所承担的社会角色，要求它们对诚信的信守更为严格。你们的策划建议是对社会未来发展的一种判断，你们所有的行为准则包括提供的服务都应该是一种尺度、一种标准。如果能做到最好，就是社会进步的标准，那就是引导着一种生活方式或价值观，引导着社会朝更理性的方向发展。总之，你们是通过自己的方式在给社会未来发展进行着提示。”在世联成立不久，深圳市规划国土局总规划师许重光就曾经对世联高层说过这样一段饱含期望的话。

“课堂上，陈董以其清晰、专业和现实的演讲打动了我，当时的感受是：陈董所说的东西是他亲自经历过的，是可以落到实处去的，而不仅仅是一些说法或很玄的东西。将项目托付给这样的人，心里有底。”这是早在1999年，大连知名的开发商亿达集团董事长孙荫环在听过陈劲松的讲课后，对他的赞誉。

“从行业发展来看，中国房地产业未来发展的必然趋势是走专业化分工之路，万科自己做销售，在经验和对市场的研究判断上一定不如专业从事营销的公司做得好。而世联则是最专业的房地产代理公司。”万科集团董事长、公众人物王石，在谈到为什么自己不做销售而推给世联时，曾这样说道。

“如果说到世联与其他中介公司不同的地方，就是其他代理公司会比较顺应发展商的观点和看法，而世联对于自己提出的意见和判断非常坚持，我们很欣赏这种作风。因为发展商需要的就是这个。如果中介公司想到的东西，我们也知道，那么开会也没什么必要啦。”新世界中国房地产公司的周萍对自己的合作伙伴世联非常满意。

……

诸如此类的好评有许多。多年来持续得到的赞誉，是社会对世联坚守“以智力服务为本”信念的回报。从成立至今，世联一直专注在房地产服务行业发展，从不追求盲目扩张，并一再拒绝在发展中所面临的诱惑，例如项目开发、房产炒作、股市投机等等。即使是在房地产服务行业内，世联也是从最早的以估价为主，进而发展到策划代理业务和物业顾问业务这几个有限的领域，而对诸如物业管理、三级交易等市场只是谨慎尝试，绝不冒进。

正是这种集中化、专业化的成长道路，使世联避免了发展中的急躁和大跃进，而是一步一个脚印、踏踏实实地将事业做到辉煌。世联的这种看似保守、实则持久的发展方式，使其经受住了一次次的市场考验，并越做越强，终成业内的标杆企业。

1. 顾问作先导、代理为核心

房地产服务业中的轻资产公司比比皆是，但是历经风雨终见彩虹的只有世联等屈指可数的几家。这类公司的本质特性和激烈的市场竞争，使得它们各有一套自己安身立命的看家本领。世联也不例外，它的特长就在于“咨询＋实施”的房地产服务模式。对于这种服务模式的由来和优势，陈劲松在他的文章《咨询＋实施：世联独特的商业模式》中有过详细的阐述。以下是该模式的大致介绍。

基于十几年来专注于房地产市场服务的沉淀与结晶，世联在业界率先创立“咨询＋实施”的商业模式：以顾问为先导的咨询服务加上以代理为核心的实施服务，即是“咨询＋实施”模式的核心。“咨询＋实施”作为世联独特的商业模式，从客户基础、人才培养、知识分享直到品牌影响力，为世联的发展带来了全方位的积累和提升，强化了世联的核心竞争力；而客户基础、人才培养、知识分享和品牌影响力又反哺了“咨询＋实施”的商业模式，并支持子公司的开设和业务规模的扩张。

世联的顾问团队

房地产服务价值链是“咨询＋实施”模式产生的土壤

由于房地产开发业务链的连续性，在项目前期，房地产中介服务机构从土地开始，为政府机构、土地运营机构和房地产开发商提供顾问咨询服务，为后期的合作打下良好的基础，得以在项目开发的销售阶段继续为房地产开发商提供代理销售等相关服务，从而满足房地产开发机构各个环节的需求，保持房地产中介服务机构业务的延续性和持续性。

从以土地为起点的一系列战略、定位咨询等前期工作开始，再到项目和产品的策划与建议，然后再到推向市场的营销工作以及最后的交易和二次交易，就房地产服务的价值链来看，顾问策划是走在最前面的，为代理销售业务的延伸打下了基础；而代理销售同时又为经纪业务的开展积累了客户资源和楼宇的详实信息。

世联领先的顾问业务是“咨询＋实施”模式运作的保障

世联“咨询（顾问策划业务）＋实施（代理销售业务）”的商业模式，正是基于房地产服务的价值链：以顾问为先导的咨询，再加上以代理为核心的实施服务。世联作为房地产服务公司，区别于竞争对手的核心优势之一，就在于具有很强的顾问策划能力。经过多年的发展，世联在业界和客户中已经形成了良好的口碑和品牌形象，顾问策划业务持续保持全国领先的市场地位，年均复合增长率达94.45%，优势明显。

顾问策划业务由于在政府、开发商、投资商等机构客户中的优异表现，不仅给世联带来了稳定的现金收入和品牌影响力，还建立和稳固了客户关系，这成为"咨询+实施"商业模式得以实现与复制的核心保障。

"咨询+实施"模式保证了世联业务增长的持续性

上海绿庭项目是世联在"咨询+实施"商业模式下，由顾问服务延伸出代理服务的一个典型案例。早在2003年上海绿庭项目土地获取后，世联就与其开发商签署了顾问合约，提供土地的前期定位、产品方案建议等服务。2006年，上海绿庭项目进入销售阶段后，又与世联签署了楼盘的代理销售合同。世联在为惠州金海湾项目提供的服务中，也囊括了前期战略咨询、中期策略咨询和后期销售代理。类似的案例还有东莞世纪城项目、长沙建发湘江北尚项目、合肥金地·国际城项目、深圳星河丹堤项目、厦门建发圣地亚哥项目、武汉三江双城项目等等。

深圳中信红树湾项目也是世联按照"咨询+实施"模式全程代理的一个经典案例。该项目位于深圳市南山区沙河东路（沙河高尔夫球场东侧），占地面积16.3万平方米，建筑面积65万平方米，属于Town Home +高层多种建筑形式组合。

接到代理任务后，世联项目组从前期定位开始介入，通过精准定位，以"湾区物业"的全新概念打破传统豪宅竞争格局，迅速建立起新兴片区大盘的市场口碑。具体来说，世联采取了以下营销措施。

第一，在形象定位期，世联就对其进行了精确的定位，并高调入市。首先世联为该项目选了一个极具代表性的名称——中信红树湾。这个名称大气、包容性强，不仅可以贯穿五期甚至更长，而且直接等同于区域，易于传播，可迅速建立知名度，也符合项目规模、气质及形象需要，可传播中信品牌。其次就是超越竞争的高形象定位——国际顶级湾区物业。将项目定位为湾区物业这样一种新的物业类型，就与传统豪宅做了有效的角色区分，成为形象上的领导者。世联还严格控制服务与展示的品质，打造深圳高端豪宅服务模式。此外，世联还深入挖掘片区的价值，并将区域的未来规划价值有效地传递给客户。

第二，在持续销售期，世联通过持续创新的以客户为导向的营销手段，实现价值的不断攀升，领先竞争对手并制造持续的影响力。例如，世联通过策略性蓄客以提高项目人气，同时确保客户诚意度。在大盘持续影响力的打造方面，世联采用了节点式营销突破、节点间精细化操作、持续聚焦市场等手段。

第三，在营销标准方面，世联采用了销售线的服务标准（包括销售人员、物业、吧台等）、预约式入伙形式、别墅和平面单位精装及清水房展示标准、客户自驾游的经营形式、高端圈层选房模式、业界人士接待流程等手段，通过精确制导、把控全局的价格策略心理战及对客户的把握及引导，结合开发商目标，实现精准定价。

第四，在营销方式方面，世联将住宅奢侈品化——将所有推售的产品分级分系列，将产品价值转化为营销价值，并制定各自的营销语言及销售模式；将产品的价值转化为营销的语言，并确保被客户认可及传播；提出了空中院馆、花园街、别墅的院街、天街等概念，首创高端圈层客户选房模式，对深入把握高端客户、深耕客户资源具有重要作用。

“咨询＋实施”模式的可复制性推动了世联的全国化布局。这种商业模式的发展完善，为世联的全国布局和向广大二、三线城市扩张提供了成熟的路径。合肥、杭州、厦门、武汉、长沙、西安、大连、沈阳等子公司的开设都是世联对这种商业模式的成功复制。顾问业务的先导为代理业务的开展提供了先机、控制了成本，也为子公司开辟了良好的生长环境，大大缩短了子公司从建立到盈利的时间。珠海、西安和苏州子公司均在注册成立当年就实现了盈利，合肥、武汉、常州、长沙、杭州、厦门、惠州等地的子公司均在注册成立后第二年实现了盈利。

可见，“咨询+实施”模式并不是一种单纯的业务模式，它已经演进成为世联子公司的开设模式，并成为世联独有的商业模式。

【营销实战写真】中山远洋城的大盘推广

2007年初开工建设的远洋城，是中山市主城区规模最大的楼盘。占地面积1 500亩，相当于138个足球场，规划总建筑面积约200万平方米，总规划户数约10 000户。产品线丰富，从120平方米的洋房，到256平方米的大平面产品，同时还有300平方米－800平方米的别墅产品，称得上是“城中之城”。2008年，世联接手营销代理后，通过三大营销手段，使这个项目的市场份额占到了中山市的25%，两年卖了近50万平方米；同时有4个组团对外推广销售，几乎每月都有开盘。

大盘整体形象推广——立意高远，准确定位

首先是“卖愿景”，即推广项目所在区域的未来发展，以传播区域价值为突破点，建立整体形象。其次是大盘的整体形象定位。远洋城的定位是：中山城区第一豪宅，城市中心唯一一个200万平方米的城市综合体。在远洋城早期的推广中，始终传播“新城中央，国际社圈”的区域价值，让中山人了解东区作为行政中心、商务中心及高档住宅区的发展规划；同时以国际化的概念，区隔于其他区域的资源型住宅项目。其三是整体形象的持续传播。大盘进入销售期后，通过产品品牌良好的口碑以及良好的知名度、信任度和美誉度，激发消费者的购买欲望，促使其产生购买行为。

多产品线推广策略——整体调性统一

首先，为了保持项目整体形象的长期效应，在整体调性上必须保持一致性，设计风格要与项目气质统一，如同一色系的演绎、标志性设计元素的运用、设计版式的固化等。其次，通过对大盘地块价值的划分，明晰每个组团的产品定位以及对项目整体承担的使命，确定推广策略。其三，推广节奏的把控。由于推售节奏较快，往往没有太多的形象铺垫期，在蓄客期的推广就会相对密集，必须同时完成案名推广、产品信息释放以及组团独特形象的建立等工作。进入销售期后，则适当舒缓推广节奏，将组团卖点与销售信息进行整合，逐步展开对产品核心价值点的延展及系统传播。

媒体组合——资源整合，善于取舍，精准有效

首先是确定推售阶段的重点。对于新推组团上市阶段，需要快速建立市场认知，增加线上推广力度；而持续期的产品则更多是结合促销手段，通过线下的方式进行推广。其次，对于明星产品以线上推广方式为主，如户外广告、报纸、电视等大众媒体；而瘦狗产品则通过线下推广，如短信、网络，同时加强现场活动的配合。

2. 控制成本有方，运作高效率

对于房地产开发商来讲，成本控制向来都是经营活动中重要的一环。而营销推广成本属于变动极大的一项成本，高的可以达到 5%，在竞争激烈的广州甚至可以达到 10%。一般来讲，前期的推广成本与总体营销成本的比例关系为 2∶1－3∶1 左右。在和客户的合作过程中，世联就十分注重成本的控制，倡导节俭营销，力争用较少的投入取得最大的营销效果。其中，2003 年深圳的中旅·国际公馆项目的操作就是有代表性的一个案例。

在中旅·国际公馆项目的操作中，多种营销组合所达到的低成本热销效果一直是其最引人关注的地方。具体来说，世联采取了三大战略措施以保证这个项目的胜利完成。

品牌战略

香港中旅房地产在深圳并不知名，但它的实力还是比较强的。其母公司香港中旅集团成立于1928年，总资产达200多亿元，触角遍布全世界，旗下旅游、签证、巴士、景点、酒店、实业等多种资源极其丰富。

在项目推广时，也正是中旅房地产在全国大量储备土地，意欲大显身手的时期，品牌转移成为一个可借用的势。从更广阔的视角来看，这次的品牌战中还包括资源战，这是由中旅丰富的资源所决定的。因此，中旅提供的产品不再是一个单纯的社区，而是产品的进一步放大。购房者购买到的除了社区本身还有中旅独特的历史厚重感，日后他们还将享受到中旅丰富资源的优惠服务。

在中旅·国际公馆，畅想“天下是你的会所”不算过分，宣称“走进中旅·国际公馆，打开世界大门”也不算过分。实际上，这种企业与消费者的双向沟通，可以建立长久的稳定的对应关系，在市场上树立企业和品牌的竞争优势。在营销组合中，产品、定价、渠道等营销变数都可能被竞争者仿效甚至超越，但商品和品牌的价值目前仍然是难以替代的王牌，而如何获得消费者的真正认可，需要多种战略的综合作用。

这个项目品牌移植的初步渗透只经过一次投资战略发布会、两篇软文以及几张喷绘，就给消费者传递了初步的印象，并引起了关注。可以说品牌的传播最终创造了价值，也通过其他组合进一步拓展了品牌。

形象战略

中旅·国际公馆原名港中旅花园，在市场竞争激烈的2003年深圳豪宅市场，若想脱颖而出、一炮而红必然与其形象定位分不开。世联地产在操作该项目时，抛弃了市场部分楼盘浮于表面的概念，而是紧密地结合中旅品牌价值、地段气质、产品形象、消费者需求攻占市场空当，揪住了媒体和客户的眼球。“新公馆生活”保留了旧公馆的尊贵感、历史感、唯一感，同时赋予了其新的含义：高舒适度，表里如一。

著名的杜邦定理证明，有63%的消费者是根据商品的包装来进行购买决策的。而在中旅·国际公馆的业主中，有不少人就是冲着“公馆”的案名而来的。有专家夸张地说，“公馆”二字至少为开发商节约了200万的推广费。形象引起了关注，结果证明世联的做法是对的。中旅·国际公馆成为深圳高端客户和房地产同行相互传播的名字，更有著名房地产公司紧急开会研讨“中旅·国际公馆现象”。房地产同行成为世联义务的品牌推广代表。

体验战略

对于公馆业主来讲，从他到达楼盘之前到成为业主经历了由品牌传播、形象传播、客户口碑、现场品质等所带来的多重体验。例如，“公馆”名称所带来的独特的身份的彰显；资源附加值所带来的价值感；3A健康住宅建设部权威验证所标明的品质；价格攀升而得到的增值和进一步对眼光的验证而得到的自信；售楼现场特别消费服务带来的增值和归属感等等。

世联的营销组合拳打出后，中旅·国际公馆项目开盘当日即成交203套，约3亿元；开盘半月销售率达到53%；营销推广费用比例为0.6%；累计接待同行约1 000批；周最低新客户上门量不低于200批（售楼处开放后）；业主口碑介绍上门比例达60%；实现均价大幅超出邻近楼盘。

【营销实战写真】兰乔圣菲项目：300万成本销售7.6亿元

兰乔圣菲项目是万科地产在深圳大本营开发的一个容积率相对较高的高端纯别墅项目。它位于深圳市宝安中心区，周边没有山谷、湖泊和高尔夫球场，也没有真正意义上的海景资源。就是这样的一个楼盘，自世联接手销售代理后，从2008年11月首批单位推出到2009年3月一期售罄，仅用了300多万元的推广费用，就顺利实现了销售金额7.6亿元。具体来说，世联项目组采用了以下方式实现了楼市“寒冬”里的热销业绩。

高端客户“GPS定位”模式

第一步，寻找意见领袖。通过资源关系网，对豪宅客户置业趋势进行访谈，确定认可度最高的客户。第二步，验证定位客户。通过电话交流及拜访的方式进行多方位、多层面的交流与判断，来验证客户定位。

从“自己人”开始的圈层影响力

项目启动的第一个圈子是“自己人”——房地产开发商。这个群体正是对项目关注程度最高、传播速度最快、影响力最大的群体。以开发商圈子为突破口，各行业所属的多个圈子也被迅速启动，并促使各个圈子相互影响，有效互动。

“暗战策略”营造优待感

“暗战策略”的精髓在于，不集中造势，不集中开盘，变突围战为游击战。针对每一个客户都按照预定房号转认购、算价、认购、销售等程式逐个服务，在不知不觉中完成销售任务。“暗”中进行增加了项目销售的神秘感，凸显了兰乔圣菲作为一个高档项目应有的身份和品牌姿态；而对客户进行逐个服务，又让客户感到被重视，更容易成交。

让“泛联动”成为主力销售渠道

在兰乔圣菲项目上最终通过“泛联动”渠道成交的客户数量占总量的比例高达35%。因为世联采取了三点措施：（1）把“泛联动”作为销售的主力之一，而不是只作为项目销售的补充。（2）每次“泛联动”对象的选择、合作方案的确定、预期达成的效果都要做到周全布局。（3）建立联动每周例会制度，通报各家公司联动业绩，重点分享联动成交心得以及近阶段成交客户特征，让联动人员的后续联动工作更能有的放矢。

3. 为优质客户提供优质服务

世联的员工，大都知道陈劲松的一句名言：咨询业公司没有饿死的，只有撑死的。这另类而又深刻的话语是世联不盲目追求市场份额，注重选择合作伙伴最好的注脚。

市场占有率，是许多企业追求的目标，但是在世联人眼中，这个目标并不吸引他们。他们认为，片面地追求市场份额，误以为份额越大企业竞争力越强的思想，已经过时。市场占有率不是衡量公司优劣的关键标准；只有当市场占有率对企业竞争力产生正向推动作用，从而形成“盈利领域”或“价值增大”时，才有意义。

世联高层这样看待房地产服务市场：

市场上业务机会很多，就怕我们接了更多的活，救更多的火，出现更多的不胜任，影响了客户对我们的期望。代理尤其如此。比如采取降价的办法，确实可以把份额搞得很大，但这样做没有意义。我们对份额的理解是，在足够为未来提供现金来源的前提下，做有影响力的项目，打漂亮仗，为我们的优质客户提供优质服务。这样一来是节约成本，不用老去投标；二来是对未来的长远发展有益。当优质产品对建立良好的消费者关系至关重要时，新的盈利领域将是解决问题、服务和收购。

由此，“提供优质服务的生产率”，就成为世联的目标和成功的标志。正是出于对提供优质服务的追求，世联一直对“承包经营”和“特许加盟”流行的扩展模式非常审慎。对于承包经营，世联有着自己的亲身感受。佟捷总结过：

我本人搞过承包，知道它的优劣性。优点是管理成本少，老板好做；缺点是承包者自主经营，往往失控。十几个部门各自为战，要不就纷纷独立了，要不就惹了官司。如果承包期不够长，承包者往往短视、抓机会，不会关心全局目标和整体利益。这与世联的原则是相反的，世联不会去做。

【世联观点】豪宅的最佳指标

项目的建筑指数中，容积率等硬指数的高低并不是决定项目能否成为豪宅的绝对指标；单元空间面积、房均面积等奢侈指数由于更恰当地体现了户型单位的资源占有状况，因而成为了鉴别豪宅的最佳指标。

如位于深圳中心区的某楼盘，容积率是同区竞争楼盘的2.5倍，价格比相邻项目高10%，但仍然在片区内销售势头最旺，最主要的原因是其户型考究。其中160户、南北通透、一梯两户、220平方米的王座户型颇具气势，在空间感上体现得相当充分，横向跨度约200米，贯穿中心区的南北间距超过800米，形成一个约16万平方米的巨大而开阔的视野，极具霸气。这样巨大的空间感为160户人家所尊享，户均空间面积达1 000平方米，在深圳极具唯一性。

房均面积是另一个很有意思的指标。如华侨城锦绣花园3房180平方米，天鹅堡4房240平方米，项目的房均面积即为60平方米。深圳新推售豪宅的房均面积不小于45平方米，以此为标准，常规两房将无法成为豪宅单位；同时作为豪宅单位的起点面积为135平方米－140平方米。

4. 新技术的运用，房地产服务企业前进的推动力

不为人知的是，世联不但擅长策划、营销等智力业务，还在技术进步方面佳绩连连，使其成为公司不断发展的重要加速力量。

创立伊始，世联高层就十分重视技术的作用，并细心研究这个服务行业中的各种专业技术。两年后，世联即出版了《房地产估价师操作手册》等实践性和操作性都很强的世联丛书。

随着业务的扩大，世联估价个评中心的工作强度也在急剧增加。由于客户日常询价业务的操作基本上是手工操作，导致一个估价师记

录信息时，另一个估价师要等到他完成后才能工作，很难做到信息集成共享，工作效率大打折扣。随着业务量的增加，这种工作模式已成为制约世联发展的瓶颈。在此背景下，世联和相关单位合作共同研发了 EVS（个评中心询价）系统，以帮助估价人员协同工作、提高效率、信息共享。

随着 EVS 系统的不断优化和完善，其产生的作用已逐渐显现。在不增加人手的情况下，仅 2006 年 11 月，估价个评中心就实现了月询价量从 5 000 次至 10 275 次的飞跃，整体报告出具量 3 043 份，其中常规报告 692 份，简易报告 2 351 份，工作效率大大提高。

值得一提的是，EVS 系统问世不久，就成为世联推动估价行业信息化建设的重要创新产品。兴业银行于 2006 年 7 月份放开对个贷评估机构资格限制的同时，指定深圳市世联房地产评估有限公司作为价格核定机构，世联自动估价系统也成为兴业银行指定核价系统。

如今，世联个评服务及自动估价系统已覆盖了包括建行、招行、工行、中行、农行、深发、民生、兴业、浦发等多家银行在内的深圳市 95% 以上的金融机构，世联评估成为深圳市银行在开展个贷业务中认可度最高、合作频度最密切的评估机构。

2007 年，世联又推出一个信息化建设的重要项目——ERP 项目，由世联与汉普公司共同实施。ERP（Enterprise Resource Planning，企业资源计划）是指建立在信息技术基础上，以系统化的管理思想，为企业决策层及员工提供决策运行手段的管理平台。整个项目分三个主要阶段：公司业务流程及管理流程的优化；公司未来三年的 IT 规划建设；一期核心的 Oracle 系统财务模块实施。大半年后，Oracle 系统陆续上线，有效提高了世联的核心竞争力和财务管理效率。

与 ERP 项目同时进行的，还有世联的三级市场盘客整合软件工具——三级交易系统。这种管控系统是针对三级市场盘客成交后业务、办证、法务、财务等流程的协同工作平台。上线后将推动世联进行数据完善、资源共享和管理规范的梳理与优化，实现后台流程共享与透明，极大地提高各部门协调和办公的效率，规避信息“鸿沟”可能引发的法务风险与财务风险。交易系统在深圳及珠三角的实施，可为世联将来数据收集、联动合作、市场规划打下坚实的基础。

2008年，世联开发的“代理业务操作指引平台”也正式启用。这个平台是以项目管理为目标、业务流程为逻辑、知识管理为内容的操作指引平台，意在强化代理业务“关键、核心业务流程”的标准化、规范化运作能力，加速专业人才的成长速度，进而提升整个公司的专业服务能力，支撑公司业务规模化扩张。同时，代理业务操作指引平台既是可延展的流程平台，也是可扩充的知识管理平台。

随着信息技术在具体服务业中的渗透，世联房地产正在向规范化、数字精细化管理的方向稳步迈进。

【世联观点】房地产客户营销的种类

房地产是不动产，这一特性决定了房地产市场与其他市场相比，具有区域性，即房地产这种商品主要是靠所在区域的消费者来购买，由此极大地限制了这种商品的消费人群。尽管如此，培养一大批忠诚的老客户对一个企业仍然非常重要。以深圳房地产销售实践看，老客户再次购买（本楼盘或同一发展商开发的楼盘）和介绍亲朋好友购买的比例越来越大，因此，房地产市场客户营销越来越受到重视和加强。

目前，房地产市场中客户营销活动归纳起来大致分为以下几类：

（1）老客户再次购买和介绍客户购买，赠送物业管理费等奖励。

（2）赠送老客户免费消费券和消费卡。

（3）逢节假日邀请老客户参加活动和抽奖。

（4）为老客户联系特约商户，让老客户在消费时享受实惠。

（5）邀请老客户座谈和访谈，听取其在产品和服务方面的意见。

（6）寄发楼盘及发展商有关资讯和资料，加强联系。

（7）评选金牌客户和荣誉客户。

第三节

文化竞争力：世联地产的特色

“做生意不仅仅是赚钱，更是值得倾注一生所做的事业。”

“我们是一群正直的人，以正当的手段做正确的事。无论是在商业道德上还是在法律上，不做违反原则的事，这是世联走长路的保证。”

“做好每一件小事。”

“阳光有杀毒作用：世联追求做一个透明的公司。”

“企业一定要负起‘公民’的责任。”

……

这些普普通通的话可不是世联员工挂在嘴边说说而已的，而是世联整个企业的价值观的精髓。从世联成立至今，它一直坚守着自己的信仰：坚持诚信，反对回扣，说老实话，做老实事，积极参加公益活动……即使面对诸多不解、嘲讽甚至指责，只要是对的，世联人仍然坚守着自己的底线，毫不退缩。正是这种“老实保守”的“性格”，让世联取得了如今的成就。因此，在世联员工的日常工作中，常常会得到这样的赞赏：

“你们世联，真不错。”这是世联的一位销售代表婉拒买房客户硬塞的红包，并积极为客户排忧解难后，得到的由衷赞誉。

“史小姐，我改变主意了，决定买 15 楼的。你说得对，大钱都花了，我不能为这 20 万元的优惠来承担风险。况且你明知道这套 9 楼不是你卖的，但还能来陪我们看，非常感谢。”世联的售楼小姐在真诚对待客户后，也得到了客户的真心回报。

可以说，世联是个幸运儿，发展至今，一直能避免致命的变故和冲击。但是我们也应该看到，正是因为有这样鲜明而正面的企业文化，世联的发展之路才走得如此顺畅。

1. 为工作注入生命的意义

和世联员工打交道多的人，都会说世联人与其他同行相比的确有所不同，刚加入世联的新人也会感受到一种强烈的磁场，这就是世联企业文化的力量。从世联的核心价值观到做事准则，从新人入职培训到内部人力资源体系建设，一点一滴都渗透了世联企业文化。

世联创立时的初衷是：办一个好的公司，赚钱目标每年 500 万元。这个目标在 1996 年已经达到了。之后，世联的目标是办成深圳房地产中介业最具规模的公司，这个目标可以说在 1999 年也实现了。成立 10 周年的时候，世联的目标是：成为具有国际水准的中国最佳的房地产专业顾问机构。如今，这个目标也已经实现。上市后的世联实力大增，开始以更快的速度向着新的目标奋进。

十几年来，世联人一次次提高给自己设定的目标值，也一次次地让梦想成为现实。在这个过程中，世联人也随着公司的发展而成长着。其中，对他们最有影响的是这样一句话：为工作注入生命的意义。这也是世联人能一路前行的精神动力。

对于商业，对于公司业务发展的理解，世联的精神领袖陈劲松曾经用一个外国人精辟的“生意经”来阐释：“生意”的最早来源是中国古人对“生命意义”的高度概括，它与西方传统文化观念中的“商业活动（Business）”大相径庭。因此，在世联高层看来，做“生意”已不仅仅是为了赚钱，而是值得倾注一生所做的事业。

也正是基于这样的认识，再加上对中介行业的本质思考，世联人才会在工作中提出“世联天条”等需要坚守的原则，才会不顾自身利益为行业的痼疾和不良风气大声疾呼，才会深度思考中国房地产业的前途，才会积极投身于公益事业，承担一个企业公民的责任。

2001 年，在公司的经理人沙龙上，世联人首次提出了“世联天条”的概念。在天条中，世联人这样郑重地写到：不许谋求第二职业或利用公司条件谋取个人利益；不许吃回扣或收受红包；不许搞不利于团结的分裂行为。只要仍为世联员工，天条就是绝对禁止的。“世联天条”的出现，是世联将企业文化理念和现代企业管理结合的典范。

一年后，世联人又推出了更精细的“业务经营准则”。在准则的宣讲大会上，世联上下达成了共识：“为什么要有‘世联准则’？如果我们只是一家小公司而且拒绝长大，那么现有的企业文化就足够了。但是，如果我们要实现自己的愿景，成为具有国际水准中国最佳的房地产专业顾问机构，就必须要有世联准则；因为国际一流公司都有企业文化指导下的、十分清晰的经营准则。准则，就是使员工在独立处事时有一套可以坚定依循的原则和行为规范，从而减少企业内部沟通成本，提高员工的独立工作能力。”

【世联观点】执行为王，团队为王——房地产营销的艺术

房地产市场一年比一年更加理性，竞争日趋激烈。我们在面对这个世界纷繁复杂的表象时，需要保持清晰的认知——光有策略、计划、理论和概念是远远不够的，许多情况下，执行这些策略的效率以及优秀的团队才是最重要的。

第一，一般来说，做大决策的人，基本上都是社会的高智商精英群体，他们都拥有做决策所需的有关知识基础与实战经验。因此，拥有这些相关知识并不能构成特别优势。双方之间的竞争，不仅仅在于知识、经验、战略、策划等方面，更在于如何有效地实施这些战略、策划方面。尤其是在资讯发达的现代，学习的成本越来越低、速度越来越快，好的概念和策划转眼间就会被复制，单靠策略与理论已经很难形成真正的竞争优势。

第二，任何策略和理论上的东西，都不能孤立地来评价其正确与否，而必须将它放到现实的环境中去考量和评估。因为如果只是纯理论的推断，往往分不清正确与否，纯理论上的争辩经常是让能说会道、谈判能力强的人占了便宜，但实际上却于事无补。

第三，执行力的来源是一个真正的团队。强大的团队决不只意味着在这个队伍中的每个个体是多么的有经验和能干，而是这些人组合在一起产生的新的“合力”，这其中会包含制度、团队文化和氛围等深层次的因素。

2. 即使付出代价，也要讲诚信

在我国市场法规体系尚不完善的情况下，很多企业为了追逐利益，而将诚信弃置一旁。而世联从成立的那天起，就将诚信看做企业的生存之本。有付出就有回报，十几年一路走来，因为坚守诚信，世联虽然丢失了许多商机，但也得到了更为丰厚的回报。有多少曾经名噪一时的房地产代理企业，正是由于存在诚信短板，在短期的辉煌后，犹如昙花一现般消失无踪。相比之下，宁可丢掉一些生意也要守住诚信的世联，路却越走越宽广。

世联创立之初，估价业务是公司存在的基础。为保障世联估价业务的健康成长，世联高层提出了“拒绝提供连自己也不相信而且难以引起自尊的产品和服务”的理念，并在深圳率先建立了估价报告的三级内审制度、报告存档制度、查勘记录及签名制度，拒绝出具不合事实的估价报告。对委估客户的不合理估值要求，世联要求业务人员据理力争，并不惜放弃业务。为此，世联每个月都要放弃少至几单、多则十几单的估价业务。

世联从1996年开始介入房地产策划代理业务，每年策划销售的项目面积越来越多，已经到了每年千万平方米的规模。而世联承接代理业务时有如下原则：证件不齐，未取得销售许可证的不做；产权有纠纷并尚未理清的不做；有严重产品质量的楼盘不做；希望代理公司做虚假手续（如按揭）的项目不做；想借世联的牌子实际上开发商自己卖楼的不做。

世联的观点是，与那些信誉良好、有实力并倚重专业服务的开发商建立联系、发生业务。尽管策划代理业务是受聘于开发商，但代理公司对小业主仍承担着一定的责任，因而代理公司不能一边倒。

世联在开展经纪业务中，坚持以正直的服务赚取服务费用，以专业的风范赢得客户的信任和尊重。世联的经纪业务从制度、流程设计到管理者的管理焦点，均以此为中心。在世联经纪人的戒律中，赚取差价和私下收费、台底交易是绝对不允许的。世联坚持明码标价，公开收费，绝不多收。在服务中，坚持为双方负责，在交易程序上严格作业，不因客户的态度而省却或跳过程序，钱款收付严格执行制度，寓风险防范于程序和细节之中。因而，世联至今未因经纪业务发生过任何诉讼事件，客户也因此更加信任世联，愿意通过世联达成交易。

1999 年，为维护不动产估价市场秩序、反对不正当竞争，世联在有关政府部门和行业协会的支持下，开始倡导“反回扣”行业自律，并签署了《深圳市不动产估价行业反不正当竞争公约》，率先规范，坚持不给“回扣”。但是公约在全行业中却并未得到良好的遵行，世联的估价业绩开始出现持续下滑，不动产估价报告数从 1999 年的深圳市第一名降至 2002 年的第八名。

面对这种困境，世联人在坚守诚信底线的同时，还加大新技术和新工具的研发与应用，在房地产估价领域率先采用 GIS 自动估价系统，以降低估价作业的成本。而坚持反对回扣，也使得世联的“声誉”空前高涨。2003 年，作为建设部从全国百家房地产中介机构中挑选出的仅有的两家代表之一，陈劲松应邀在人民大会堂代表全国 165 家中介机构宣读“提供放心中介”的联合宣言，一时传为美谈。

曾有离职的世联员工在陈劲松的博客上留言，支持世联上市，他认为，就目前来说，很难找到比世联更规范的公司了。“我清楚地记得 2007 年 12 月份的时候，我接了一单收取佣金 5 万元人民币的业务。因为客户的那一方是个总经理头衔（不是老板本人），坚决要拿 1.5 万元回扣。当时我就向区域经理请示了一下，但得到的批示是世联坚决不做回扣单。结果是这单业务虽然泡汤了，但至少我保住了自尊。客户佩服得不得了。如果要是放到其他任何房地产代理公司，不成交才怪，这也正好证明了唯有世联能上市的原因。口碑是靠传出来的，而不是靠吹和广告砸出来的。”这位离职员工如此深情地回忆道。

“我们是一群正直的人，以正当的手段做正确的事。无论是在商业道德上还是在法律上，不做违反原则的事是世联走长路的保证。用回扣换业务而不是以能力来赢取业务，会影响我们倡导专业能力的导向。”对于回扣等市场“潜规则”，世联的高层始终坚持自己的观点。

【营销实战写真】睁大眼睛剔除危险客户

银行信贷部门是估价业务的一大业务来源，而二手房按揭更是业务之中的热门。兴旺发达的深圳二手房市场中，业务独占鳌头的N银行占有市场70%的份额，它也成了世联地产估价业务锁定的服务对象。

N银行D支行是全市二手房业务最火爆的网点，它的个人理财中心红遍深圳，单一个季度就可放贷上亿元。世联的业务员从一开始就怀着敬佩的心情来为D支行的评估需求提供服务。可D支行主任却明确表态，要和另一家机构合作。当时，世联的业务员非常自责，觉得因自己服务不好而得罪了大客户。

后来，经过业务员的不断努力，终于可以和D支行主任对话，逐渐改善了关系。但因为D支行主任无数次的无理要求而令业务员渐渐失望，他研究后决定放弃这块吃不到的“肥肉”。

2003年10月，D支行传来消息，D支行主任涉嫌伪造假房产证、假身份证，骗取银行贷款6 000万元，畏罪潜逃，公安机关正在通缉中，N银行也正在调查有无评估公司涉嫌提供假评估报告。

世联没有为D支行主任提供过评估，也就不用担心审查了。

3. 注重透明度的世联人

1999年，由大连市政府组织了一次关于房地产市场营销的讲学，陈劲松和另外两名房地产营销专家获邀演讲。同台的三位演讲人中，其他两位独立策划人凭借滔滔不绝的语言打动了台下的听众。课下，人们纷纷将他们围住，交换名片、推介项目。相比之下，陈劲松因理性、平实地讲了一些房地产营销的“大实话”而备受冷落。

但是，陈劲松的朴实、坦诚，却引起了大连房地产巨头大连亿达集团董事长孙荫环的注意。在后来的会晤中，陈劲松更以专业、诚恳的解答打动了孙荫环一行人。在了解了世联的部门架构、参观了世联的资料库之后，他们放心地把“学清园”项目交由世联做市场顾问。在成功地运作了这个项目后，2002 年，亿达又将整合 25 万平方米的“亿达国际学城住区”核心竞争力和营销策略的项目交予世联。

在和客户的合作中，秉承专业自信，坚持说实话、讲原则是世联人的一大特色。香港华艺公司副总林毅说：“联想到与世联在星河国际、光大花园的合作，有一个特点令我关注，甚至感到奇怪。世联在介入这两个项目时，基本上都已过了建筑方案讨论阶段，可是世联的两个工作组都说服了发展商，使他们愿意接受世联的观点重新探讨方案，导致我们的方案又改了一遍，世联给予客户的推动力很大。”

“讲实话”不但是世联人在和开发商合作时的行事风格，也是世联在处理购房者投诉、解决内部问题时秉承的原则之一。陈劲松在博文《阳光有杀毒作用：世联追求做一个透明的公司》中将其称为“透明化”。

在投诉中成长。世联今年在内外网上做了改革，增加了一个客户投诉的栏目，只要是客户的投诉都不做后台截流，直接公示，督促业务部门核实情况，尽快处理，给客户反馈意见。因为随着世联业务的发展扩大，我们发现，不透明的做法会伤害客户的信任和感情。

很多纠纷在一开始只是一件小事，如果不按照信息透明化的原则处理，就会演变成一件大事。世联也一样，如果要成为一个公众公司，成为一个品牌公司，就必须透明。

……

所有的投诉都是在帮助我们成长，一个投诉来了，总结经验，下次不犯，这是投诉最大的意义。……阳光具有杀毒的作用，所以我们不应该怕曝光，关键是怎么对待。如果说“见光就死”的话，那说明我们本身非常脆弱。我们所犯的错误别犯第二次，这是最重要的。

4. 做好每一件小事

工作中，陈劲松常常用“香港人确认距离”的故事，提示员工要做好每一件小事。

以前他在香港工作时曾遇到一件事，当时要买一块地，其中需要描述它与商业区、中心区之间的距离。按大陆同行的习惯可能就说成是“20 分钟”，但是，是怎样的 20 分钟呢？坐车？走路？即使是坐车，是周日还是平时？“20 分钟”的说法太笼统。

其实这就是事先没有做足功课的缘故。可香港人呢，会坐地铁去一趟，乘私家车去一趟，周末去一趟，平时去一趟，选不同的时段去，然后描述不同情况下的距离感，这种认真的做法给人的触动很大。

因此，做好每一件小事，也就成为世联人的工作准则了。例如，在打印文稿的校对上，世联就反复强调文稿无差错的重要性，大到数字小到标点符号，应保证绝对的规范和准确无误。世联还为此专门制定了三道校对程序，以保证文稿的高质量。

做好每一件小事的另一个典型事件，就是评估报告内容的丰富与完善。市面上的房产评估报告，一般只有比较格式化的三四页纸，即使是较为复杂的项目评估，充其量也就是六七页内容，文字比较单调、空洞。针对这一情况，在世联创业初期，就提出了改革报告版面、增加图片和表格、丰富和细化评估内容的要求，从而使世联评估报告在市场上独树一帜，进一步赢得了客户的信任与赞誉。

正是这种做足功课的习惯，不断地推动每一个项目的成功。世联把一丝不苟地做好每一件小事看成是企业的一种优秀文化，并且贯穿

精神抖擞的代理业务团队

于它的成长和发展历程中，这是非常值得推崇的。在中国近代公司发展史上，我们看到了太多的宏伟蓝图以及轰轰烈烈的行为，同时也看到了太多的马失前蹄和大厦的轰然倒塌。企业家们一直在反思，经济学家也一直在反思：是什么因素导致企业在持续发展的道路上屡屡碰壁？抛开治理结构和政策因素，对企业发展中“细节”问题的忽视是不是也算罪魁祸首之一呢？

忽视“小事”的企业也许在某个阶段会很优秀，但很难在长期发展中达到卓越。

【营销实战写真】为天津地铁做顾问

2001年10月，世联顾问部签下天津地铁项目顾问合同。他们从当时仅有的8个人中选出6人组成了天津项目组，奔赴天津开始调研工作。

到达天津后第一天，世联一行人与客户见面沟通了一下。客户开车带他们沿着地铁一号线认了一下沿线22个站点位置和客户已拿到的

16个地块的位置。

这个项目的地块查勘比较特殊，整个地铁线全长27千米，要对沿线每个站点是否具有土地储备价值作出判断。因此，地块查勘范围将是沿线22个站点以及站点周边的一定范围。

光是地块查勘工作量就非常大，没有任何异地调研经验、仍处于兴奋状态的世联人一点都没有害怕辛苦。当晚经讨论决定，6个人分成3个小组，两个组从地铁两头“终点”往中间走，各负责8个站点及沿线，另一个组负责中间6个站点及沿线。

每个组的工作是必须步行走完所负责的地铁站点沿线并往两边各辐射500米距离，拍照、记录房地产现状及片区情况，并进行一定量的居民访谈。

天津本地调研结束后，世联项目组还考察了北京、广州、香港的地铁，在当时异地顾问经验较少的情况下，他们扎实地做好最基础的调研工作，并查阅大量资料，做了相关访谈，摸索着咨询顾问的工作方式方法，最终圆满地完成了第一次异地顾问任务。

功夫不负有心人，天津地铁项目三个报告同时提交并获一次性通过。

5. 我支持，我是企业公民

“我支持！”

当2008年5月，四川汶川发生特大地震时，世联公司迅速行动，积极赈灾。陈劲松还在博客上发表文章，召集阿拉善SEE生态协会的深圳企业家率先为灾区捐款。世联职工委员会向全体世联员工发起向灾区捐款倡议，世联员工积极响应，短短几天时间，筹集救灾物资和款项共计120万元。

2007年，为庆祝同济大学建校100周年，陈劲松在热心参与母校各项社会活动的同时，还向同济大学深圳校友会捐助5万元，用于资助贫困学子完成学业。同年，世联和其他几家房地产企业共同捐资，购买乐器捐助西藏盲童学校成立乐队。这是继当年5月陈劲松以个人名义捐款之后，世联再次向西藏盲童学校奉献爱心。

2008年，通过阿拉善SEE生态协会的协调，世联成为“贵州四地古树保护计划”中的一员，并认领了贵阳市平坝县高峰镇王家院村的四株古树（女贞、朴树、猴樟、椤木石楠古树各一株），为它们提供有效保护的环保包。像贵州许多乡村的古树一样，这四株胸径在100厘米以上的古树正面临着巨大的生存风险，而通过为期三年的古树保护计划，它们现有生态和生存环境将得到改善和提升。

陈劲松董事长参加阿拉善慈善活动

2009年，世联加入首届“青国青城大学生校园环保行动创意大赛”，成为活动的协办单位，并向主办方提供了资金和物资赞助。这次大赛由阿拉善SEE生态协会发起，覆盖全国400所大学，面向高校大学生征集环保行动创意，引导青年学生关注身边环境问题，激励校园社团展开环保行动。

同年11月，世联加入支持“手牵手”民族民间手工艺保护和文化传统复兴项目。“手牵手”民族民间手工艺保护和文化传统复兴项目起源于2008年，是阿拉善SEE生态协会在贵州的支持项目。世联加入该项目，旨在参与贵州民族民间非物质文化——“山地服饰文化”的保护，为贵州乡村发展中心提供支持，组织当地少数民族妇女亲手制作民间手工艺品，为传承贵州古老的女性手工文化遗产尽一份力，承担应尽的社会责任和历史责任。

……

上述只是世联近年来参加的部分社会公益活动。自成立以来，世联就一直以“企业公民”的标准严格要求自己，尽力做好每一件公益活动。陈劲松在博文《社会要求企业负什么责任？——谈社会责任与企业可持续发展》中阐述了自己对企业的社会责任的理解：

如果问“公民”与“国民”、“市民”等比较，哪种称呼更有利于社会和谐，我会毫不犹豫地选择“公民”。同理，“企业公民”也要比“企业社会责任”更有明确的内涵限定。

……

“企业公民”比“企业”好，好在“公民”的概念让企业知道你不是一个单独的存在，你身处一个“公民”社会。这个社会要有秩序地运作，你才能活着；其他“公民”活不下去了，公民社会就不存在了，你也活不了。“企业公民”比“社会责任”好，好在可以明确企业作为一个公民有什么责任、义务的同时有什么权利，而且“公民”的责任和义务以及权利是法律所规定的。比如“诚信”是企业的社会责任，不仅你要“诚信”，也要通过宣传让更多的企业做到“诚信”。

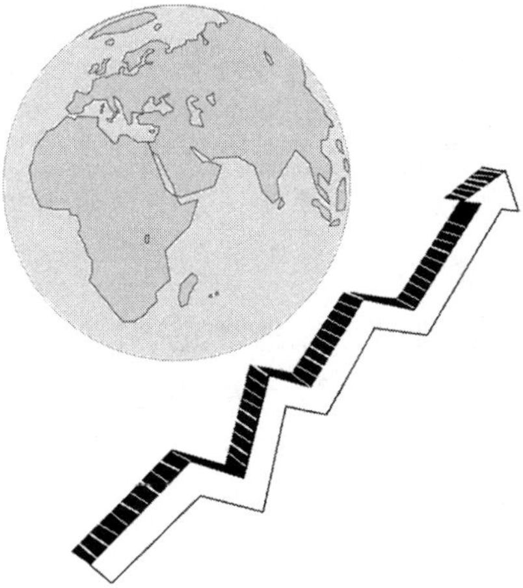

第三章 为什么是信立怡高

在过去二十多年里，有三个重要的思想从根本上改变了组织的运行模式。第一个是全面质量管理，第二个是企业再造，第三个是智力资本。

——斯图尔特（Thomas A. Stewart）

首家被世联地产相中收购的房地产服务业同行信立怡高，成立于2002年8月，注册资本人民币100万元；法人代表是乐智强，主营业务是房地产中介服务及信息咨询服务、物业管理。

信立怡高在被世联地产并购之前的股东情况是：董事长乐智强持股50%，总经理朱江持股25%，副总经理聂非持股25%。

信立怡高自1993年起在深圳开始从事房地产策划、交易代理和信息咨询等业务，是深圳最早从事房地产及商业策划、代理业务的专业公司之一。2001 年进入山东并以济南为基地进行业务拓展运作。截至 2009 年，公司共承接项目 150 多个，建筑总体量达 1 500 多万平方米，已形成了以济南信立怡高物业顾问有限公司、青岛信立怡高房地产顾问有限公司、临沂信立怡高物业顾问有限公司、泰安信立怡高房地产咨询有限公司、济南睿思博房地产信息咨询有限公司等为子公司，遍及山东房地产热点区域的专业化房地产顾问集团，是山东省内最大的房地产营销策划及销售代理综合服务商。

2009 年，信立怡高的经营业绩实现了强劲的增长，在山东境内策划代理项目销售额达到 50 亿元，完成策划代理项目 50 余项。

第一节

信立怡高的成长之路

1. 从深圳来的信立怡高

山东，齐鲁大地。它不但有着辉煌的历史和深厚的文化底蕴，还拥有丰富的自然资源和强大的经济实力，自古以来就是中国最重要的东部地区之一。凭借着得天独厚的地理优势以及山东人的智慧与勤劳，如今山东省的国民生产总值已达 3.1 万亿元，成为仅次于广东省的全国第二大经济体。

经济的发达带来的是各产业，尤其是第三产业的蓬勃发展。其中，房地产策划代理服务业就是非常有代表性的一个新兴服务行业。信立怡高作为山东省地产服务业的龙头老大，其十余年来的发展历程，几乎就是本地房地产服务行业成长的一个缩影。

现在，无论是地产行业还是买房者，都知道信立怡高就是山东房地产服务业的龙头代表。但是，很少有人会留意到，它其实并不是山东土生土长的本地企业。信立怡高的企业历史，最早可以追溯到 20 世纪 90 年代初，那时正是深圳的地产热潮时期。

1980 年 8 月，深圳成为我国第一个经济特区，从此，它在经济方面长期扮演着全国“试点标兵”的角色。其中，深圳的房地产业也在借鉴香港模式的基础上快速发展起来。到了20世纪90年代末期，深圳的房地产市场已经运作得比较成熟，成为全国各地争相学习的榜样。许多研究专家认为，在房地产领域的各种大胆探索，让深圳成为了中国房地产业的标杆。

在那个热血沸腾的时代，深圳向全国贡献的不只是经济领域的诸多先进经验，还有在这里摸爬滚打成长起来的房地产服务企业。

信立怡高于1993年在深圳注册成立，开始从事房地产策划、交易代理和信息咨询等业务，是深圳最早从事房地产及商业策划、代理业务的专业公司之一。在深圳激烈的市场竞争中，信立怡高对世贸商城等当地大型商业项目以及深圳首个大型度假物业——深圳东部度假俱乐部金海滩度假别墅的策划代理业务，都获得了圆满的成功。从此，信立怡高确立了其在业内的地位。

信立怡高的成功，使其成为内地开发商眼中的金牌策划代理企业。他们纷纷找上门来，请它帮助策划代理。例如，早在1995年，信立怡高就以合作者的身份参与了郑州裕达国贸的开发建设，并取得了斐然的业绩。此后的几年时间内，信立怡高转战于深圳、郑州、北京、重庆、武汉等地，陆续策划了一系列颇为经典的楼盘。

1998年，信立怡高在深圳达到了事业巅峰。它竞标夺得了深圳赛格广场的策划、代理业务，在其精心的组织和推广下，赛格广场一时成为深圳最热销的楼盘，销售取得了空前的成功。正是代理赛格广场的成功，使得信立怡高的大名传到山东省，然后被同业推荐参与济南山大路的一个房地产项目（即后来鼎鼎大名的银座数码广场）的策划营销工作。

当时整个山东的地产市场，无论是行业环境方面还是地产开发的理念、服务等方面，都和深圳有着十多年的差距。即使是在省会城市济南，也是1998年才举办第一届齐鲁房地产交易会，真正的土地拍卖直到2003年才开始，福利分房延续到了2000年才真正结束。随着货币化分房的起步，商品房市场逐步走进大众的视野。现在公众耳熟能详的“置业”、“会所”、“业主”等概念，在那个时期还是令普罗大众感到既陌生又新鲜的词汇。

由于独特的地理位置和经济实力，那时济南的房价要比其他内地省会城市高一些。但是，济南这座城市的整体建设与改造却较为滞后。“与市场化、现代化的年轻城市深圳完全不同，济南最初给我留下的印象除了古老厚重之外，房地产的建设与开发仍处在较低水平，房地产的策划与营销更是无从谈起，完全处在简单的卖房子的初级阶段。老百姓和主要大众媒体对房地产的认识，也都处在混沌状态……”这是信立怡高的创办人、董事长乐智强对当时济南房地产业的印象。

正是在这样的背景下，信立怡高第一次在济南的土地上大展身手。

【地产链接】深圳赛格广场

赛格广场位于深圳市福田区华强北商业中心地带两条城市干道交汇处，是一座集办公、商贸、酒店等综合性功能于一体的大厦。地下4层为停车场，地上72层为商业裙房及办公楼，总高292.6米，总建筑面积17万平方米。塔楼采用43.2米×43.2米正方形切角的八边形平面，建筑与结构紧密结合，使用钢筋混凝土结构。建筑外墙由灰色玻璃幕墙及铝板组成，饰以层间金色线条，简洁、现代的建筑风格中拥有几分华贵。

赛格广场是亚洲最大的电子交易市场，也是深圳市电脑、电子市场及其周边商人聚集的地方，每天的人流量最高达500万以上。世界各地的许多商人都来过这里，在此设有不计其数的公司或办事处。

赛格广场被誉为“深圳市21世纪新城市的标志性建筑”，荣获过国内多项大奖，如1996年“中建总公司优秀工程设计一等奖”，1999年“深圳十大明星楼盘”之一，2000年“国家科技进步二等奖”等。

2. 嘉恒商务大厦：打胜济南第一战

信立怡高接到邀请考察山大路的房地产项目时，又有一家当地开发商慕名而来，邀请它策划代理自己楼盘的营销。这个名叫嘉恒项目的楼盘，位于济南的高新技术产业开发区中，原本是已搁置许久的烂尾楼，开发商接手时，想把它改造为高新开发区中的写字楼。这个想法听上去虽好，但面对当时济南商业楼盘项目普遍销售不佳、价格也较低的情况，当地的房地产代理服务企业纷纷却步，不敢接这个烫手的山芋。无奈之际，开发商恰巧得知信立怡高正在济南考察项目，于是急匆匆地找上门来。

在了解了这个楼盘的地理位置和开发商初始的产品定位等情况后，信立怡高根据自己在房地产代理业多年的经验判断：这个项目仍有开发潜力，只是需要调整产品定位，使之符合当地中小企业的实际需求。于是，信立怡高在考察山大路项目的同时，大胆接手了嘉恒项目。

那时，济南当地有许多中小企业，它们虽然有着较广泛的办公场地需求，但是不愿意在较昂贵的写字楼上有过多的开支。据此，信立怡高对这个楼盘进行了新的定位，并策划了一整套的营销方案。

第一个商住概念写字楼

经过细致的市场调查，信立怡高发现在济南还没有商住两用产品，而当时在深圳、上海、北京等一线城市，商住两用楼盘正被广泛开发。商住两用楼盘的定位较为高档，服务也较为完善，比普通住宅楼的办公条件要好许多；同时又没有纯写字楼的售价和租金那么昂贵，使用起来比较灵活，比较适合有一定经济实力的中小企业购买或者租用。

信立怡高和开发商一起研究后，将嘉恒大厦的主力户型面积控制在130平方米-140平方米之间，价位定在当时济南地产市场的中档水平，首付则通过大胆创新，提出比同时期的写字楼低一半的数字——只需要15%左右。这对于投资者来说，极具诱惑力。

第一个酒店式物业管理写字楼

同时，信立怡高还将深圳的酒店式物业管理引进到嘉恒商务大厦中，并聘请在商务会议、会所、餐饮等管理方面有丰富经验的知名物业管理公司——深圳国贸物业管理公司负责嘉恒大厦的后期物业管理。

清晰的产品定位、明显的产品优势，使得嘉恒大厦在当时的济南地产市场中，一举扭转不利的销售劣势，成为中小企业和投资者眼中的抢手楼盘。

新闻式营销推广模式

在楼盘的营销推广上，不但深圳、上海等一线城市，甚至许多二、三线城市，都流行大量的大平面广告、轰炸式宣传的方式。在嘉恒商务大厦的营销推广中，信立怡高考虑到目标消费者对“商住公寓”和“酒店式物业”的概念比较陌生，于是放弃了传统的轰炸式宣传，转而与媒体深度合作，通过长时间的新闻报道，多角度地引导当时市民关注嘉恒商务大厦，了解新的投资商住概念。

在多项措施的综合发力下，嘉恒商务大厦在尚未竣工时，就取得了开盘三个月销售七成楼盘、一年内售罄所有楼盘的成绩，创造了济南商品写字楼开发历史上开盘销量最大、销售周期最短的奇迹。一时间，嘉恒商务大厦的产品定位和营销方式成为济南众多地产楼盘的效仿对象。

嘉恒商务大厦的运作成功，启发了济南甚至整个山东地产开发商的思路：原来楼盘的产品定位和市场调查如此重要，原来地产策划的作用如此之大！从此，济南地产业开始真正步入“专业策划”的时期，而信立怡高也以实际业绩证明了自己的专业策划代理能力，愈来愈得到当地房地产开发商的信任。

【地产链接】济南嘉恒商务大厦

嘉恒商务大厦是由山东嘉恒房地产有限公司在济南东部斥资数亿元开发建设的独具个性的商务写字楼，楼高87米，占地面积12 067.3平方米，总建筑面积56 200平方米。2003年11月，嘉恒商务大厦在全省成立了第一家商务办公楼的业主委员会。

嘉恒商务大厦把办公楼酒店式礼宾服务引入了物业管理之中，树立了文明礼貌、细致周到、高效有序的服务形象。为了提高管理人员、服务人员的形象，嘉恒商务大厦物业管理公司——深圳国贸物业管理公司推出了全新的服务理念，如“全员保洁”、“一站式服务”、“热线服务电话”等，受到业主的一致好评。

几年来，嘉恒商务大厦先后通过市优、省优、国优的考评，还先后被济南市消防委员会评为消防管理“先进单位”、消防“十佳先进单位”。

济南嘉恒商务大厦获得的主要荣誉

2004年11月，荣获了由济南市房管局授予的“济南市物业管理优秀示范大厦”的称号。

2005年1月，荣获了由山东省建设厅授予的“山东省物业管理优秀示范大厦”的称号。

2005年1月，荣获了由济南市消防安全委员会授予的“济南市消防十佳先进单位”称号。

2006年1月，被济南市消防局授予“济南市消防先进单位”称号，这是济南市消防局首次颁发该荣誉。

2006年2月，被国家建设部授予“全国物业管理示范大厦”的称号，这是建设部颁发的首例该项荣誉。

3. 银座数码广场：济南新地标、新景观

嘉恒大厦成功运作后不久，信立怡高对山大路地产项目的考察也接近了尾声。当时，这个项目的开发商是山东商业集团下属的房地产开发企业——山东商业房地产开发公司。在世纪之交的时候，开发商准备把位于山大路上一块闲置了十余年的地块开发成写字楼。在开发的过程中，他们发现虽然山大路上的电子市场发展很快，众多科技企业云集于此，但是附近几个早些时候建成的写字楼如齐鲁软件大厦等的销售和出租情况并不理想，而整个区域内商铺和写字楼的租金也处于下滑状态。

在这个背景下，开发商和信立怡高开始了接触，希望借助他们专

业的地产策划代理服务，改变这种不利的营销前景。在实地调查中，信立怡高的工作人员发现：作为华北最大的电子产品批发市场，山大路的经济发展潜力巨大。虽然目前整个济南的高档写字楼租售状况不佳，比不上嘉恒商务大厦等商住楼，但是在特殊地区（如新的城市核心地段）存在市场空白点的背景下，如果开发商具备较强的资金实力，开发高档写字楼也能获得成功。

而且，山大路电子、IT等产业贸易发展迅速，但当地的办公物业和商业现状已经远远落后于经济的发展，这主要表现为两方面：一是大多数企业，甚至是闻名全国的品牌企业，如浪潮集团和齐鲁软件，都在旧的办公楼或商住楼办公，功能、形象与企业实力不符；二是诸多科技大卖场如济南科技市场、百脑汇科技市场等，物业陈旧、企业规模分散、规模效益差，严重阻碍了济南电子科技产业的发展。

项目主题：济南新都心运动

2000年11月，济南市出台了“山大路科技商务中心区规划方案”，计划将山大路科技商务中心和附近的高科技产业园合为一体，将其打造成济南新的高科技信息产业中心。这是一个关乎山大路改造和城市功能定位的规划，体现了济南市政府对山大路发展的重视。这给该项目吹来了一股东风，于是结合这项政府规划，信立怡高提出了全新的整体策划方案。

他们将银座数码广场这个项目的开发上升到城市经济和城市发展的高度，结合济南的城市发展、项目地段、市场焦点，创新性地提出了“新经济宣言，新都心运动”的项目主题，使银座数码广场成为新都心的地标建筑。

这个主题还使物业开发和山大路改造及CID（手机的平台版本）建设的市场关注热点相一致，将山大路电子市场定位为“全国第三大、山东最大的IT产业中心”，吸引了专家、投资者、普通居民和济南市政府及山大路众多科技企业的关注，获得了多方的支持和共鸣，项目的知名度和价值迅速放大。

楼盘形象：首座5A级智能化甲级写字楼

根据银座数码广场的项目主题，信立怡高将楼盘定位为：适合山大路上迅速崛起的众多中小高科技公司和为其提供相关服务的中小公司办公的5A级智能化甲级写字楼。在设计时，选用“扬帆”造型，外观为全玻璃幕墙装饰，采用当时世界写字楼智能化最高水平的5A+1智能化系统，为入驻客户创造一流的数字化商务办公空间，加之该项目占据山大路绝佳的地段优势，完全匹配“济南新高科技信息产业中心地标建筑”的要求。

在信立怡高看来，每座城市或城市的一个功能区，一定要有与时代经济相匹配的领袖物业，这种物业可以促进城市、区域经济的发展，满足城市对物业发展的需求。而且，这种物业是经济发展、城市发展和房地产市场发展的综合产物，具有很强的生命力和持续的竞争力。

商业功能：高科技综合型顶级写字楼

在确定银座数码广场的具体物业服务方式时，信立怡高项目组综合考虑了国内外知名高科技商务区的成功运作模式以及山大路的实际商业状况，摈除了原有的纯写字楼的规划，提出了集办公、商铺以及产品交易中心等多功能于一体的综合型顶级写字楼的思路。他们在商务办公、商铺经营的基础上，还增加了商务会所、多功能厅、科技产品交易中心、信息产业研发中心、企业孵化专用基地等多种功能，不仅体现了银座数码港的自身价值，而且有利于后期及时的利润回报。

营销模式：超常规的“4V”营销组合策略

当其他楼盘还停留在以产品为核心的“4P”或“4C”组合营销时，信立怡高已经将“4V”营销组合理论积极应用到了银座数码广场的推广中了。其“4V”营销策略主要表现为差异化的营销、功能弹性化的服务、高附加值的体验以及引起客户强烈的心理共鸣等四个方面。

（1）差异化营销。银座数码广场的5A+1智能化高档写字楼，是当时济南写字楼市场的顶级产品、稀缺产品，代表了山大路甚至整个济南写字楼市场的最高档次和发展方向。独特而颇具审美价值的“扬帆”造型建筑成为山大路的标志性建筑，在客户心目中建立起了良好的形象。银座数码广场内在形象表现为山东新经济窗口，使客户有处于经济和科技前沿的心理感受。

（2）功能弹性化。银座数码广场的核心功能是办公和科技商务交流，使客户能享受到高档写字楼的服务，以及利用5A智能化的设施条件。对于一些非科技企业客户，弹性化表现为可以减少部分智能化功能，只享受普通的办公条件。如户型灵活分隔和组合，既能够满足上百人的大型企业办公，也能够满足几人组成的微型公司的需要。

（3）高附加值。银座数码广场不但核心价值具有较强的竞争力，而且其附加值的竞争优势也很明显，主要表现在三个方面：第一，银座品牌给入驻客户直接带来企业品牌的提升；第二，银座数码广场独特的外立面——扬帆造型，给入驻企业直接带来了形象上的提升；第三，赛博旗舰店的入驻带来了轰动效应和经济集聚效应，形成了良好的科技商务氛围，给入驻企业带来巨大的无形资产。

（4）强烈的共鸣。银座数码广场物业提供的办公软硬件设施服务是其他商住楼难以比拟的，这种持续的市场竞争力能够使客户得到最大程度的满足；同时，核心区位以及新都心商务环境把客户价值最大化地与企业目标联系起来，达成了物业价值和客户价值的同步实现。

在营销的前期，为了引起社会关注，在开发商和报社的支持下，信立怡高项目组与济南市各大媒体资深城建和房地产口记者共同展开了讨论，并请他们执笔在各大报纸媒体以新闻的方式传播“新经济宣言，新都心运动”的理念。通过轰轰烈烈的宣传介绍，山大路对于城市的重要价值不仅被市民重新认识，也引起了政府的高度重视。

信立怡高正确的战略方向和正确的产品市场定位，使后期推广费用大为减少（直接的广告费用只有100多万元），而品牌知名度和认知度则取得直线上升的效果。结果，银座数码广场项目在开盘的第一天，就销售回笼资金8 000多万元，销售量达到全项目的30%。接下来不到3个月的时间，销售了六成面积。最后，项目10个月完成全部销售，销售总额达到5亿元。此举创造了以百万元低成本广告费用将写字楼顺利销售完毕的神话，此事后来也被济南许多房地产策划人当作经典案例进行反复分析和研究。

通过这次成功的项目运作，信立怡高在济南站稳了脚跟，团队也得到了大练兵，可谓收获颇丰：其一是获得了新的地产策划运作经验，即深刻挖掘区域和项目在城市建设大时代的经济价值，创新性地利用这些价值，运用逆向思维引导市场，这成为信立怡高专业化理论的基础。其二是银座数码广场的成功不仅帮助开发商在山东房地产市场确立了自己的品牌，更使信立怡高真正成为济南重要的地产策划代理公司，确立了其在山东房地产市场中的地位和信誉。

【地产链接】济南银座数码广场

银座数码广场位于济南CID的核心位置，是济南东部唯一一座高档办公商务写字楼。大厦由国际设计大师倾力设计，建筑造型犹如飞扬的风帆，新颖独特，已成为济南市的新地标和城市新景观。

银座数码广场总占地面积18亩，总建筑面积7万平方米，由主楼和裙楼两部分组成。主楼高23层，为5A级智能化甲级写字楼；裙楼共6层，为科技产品专业市场。目前，银座数码广场已成为济南山大路科技市场管理中心、信息产品研发中心、科技商贸中心、IT电子以及通讯产品交易中心。

4. 泉印兰亭：济南“泉”文化地产品牌

信立怡高初入济南地产市场时，接手的前三单楼盘策划代理业务都非常成功，其中嘉恒商务大厦和银座数码广场都是大型楼盘，只有第三单的泉印兰亭是个只有7栋楼的小项目。但是，论起影响力来，泉印兰亭丝毫不比前两个项目逊色，而且它还是帮助信立怡高了解齐鲁文化、进入山东住宅市场的起始点。

这还要从嘉恒商务大厦的成功运作说起。当时，山东中齐房地产开发有限公司主动找到信立怡高，请其为自己建设的一个小型住宅项目帝景园把脉。当时帝景园的建设已接近尾声，但是销售业绩始终不佳，这让开发商伤透了脑筋。

虽然此前信立怡高在济南一直忙于商务楼盘的策划代理，但他们并没有轻视这找上门来的第一单普通住宅楼盘项目。这个时期济南普通住宅市场正处在地段竞争优势明显，但是产品同质化倾向严重，社区配套比较简陋，服务尚未跟上的阶段，整个市场竞争状况比较无序。帝景园处在济南市的二环东路外边，位置较偏，而且周边环境“脏乱差”，是典型的城乡结合区，在一般人的心目中已失去了地段优势。不过，这难不住专业过硬的信立怡高人，经过详细调研和多番论证，信立怡高项目组向开发商提出了自己的策划方案。

产品定位：为周边文化商业圈服务

信立怡高项目组指出，虽然帝景园的位置和周边的环境不甚理想，但是它幸运地处在文化商业圈内——周边3公里以内聚集了山东大学、洪楼商业圈、济南高新区管委会以及高新技术企业圈等。以发展的眼光看，如果以在周边文化商业圈内工作的知识分子为目标购房群体的话，那这个楼盘反而具有生活和交通便利的优势了。那么，怎样吸引他们购买这里的楼盘呢？这就很考验代理公司的实力了。

打造产品价值：突出“泉”文化

在信立怡高人眼中，济南是一座有着千年历史的古城，蕴含着丰厚的文化底蕴。要想吸引楼盘周边的知识分子和成功人士阶层前来购房，那么在推广方面，除了要突出通常的地理优势外，还要从文化的角度打动目标客户群的心。

济南最具代表性的文化是什么呢？信立怡高项目组将目光聚集在了“泉”上。从历史上看，济南的名字来源于西汉时设立的济南郡，含义为“济水之南”。自古以来，济南就以“泉城”闻名于世，城因泉名，泉以水生。泉成为济南的血脉，赋予这座城市灵秀的气质和旺盛的活力。昔日的泉城，水在城中绕，清泉石上流；到了现代，虽然泉水日渐稀少，但济南人心中的“泉水”仍汩汩流淌，绵绵不绝。

于是，在帝景园的建设大部分完工的情况下，信立怡高想方设法将“泉文化”融入小区景观中，尽可能体现出“亭台楼阁”、“小桥流水”的如画意境。同时，为了配合产品定位，还将历史上著名的书法名帖《兰亭序》嫁接到楼盘名称中，将楼盘从“帝景园”改名为“泉印兰亭”。这两项举措一出，整个楼盘的文化品位立时显现。

独具创意的展会营销模式

在当年的济南房展上，泉印兰亭项目的展位上不但有《兰亭序》的仿制石碑、精美的大幅设计效果图、古韵十足的楼盘模型，还有悠然弹古筝的美女，组成一幅和谐的文化典居形象。泉印兰亭的楼盘在房展会上一炮走红，吸引了许多市民和同行参观。楼盘的名称深深拨动了济南人的心弦，楼盘很快销售一空。在签订购房合同时，还有一些业主坚决要求将“案名不能更改”也写进合同里。

泉印兰亭项目的成功，不但为信立怡高进入济南住宅地产市场铺平了道路，还为信立怡高真正理解齐鲁文化、融入山东提供了契机，更有利于其日后的文化地产策划，如重汽·翡翠郡项目等。

当时，被邀请到济南进行地产策划代理的大牌公司，并不只是信立怡高一家。但是两三年后，这些企业在济南留下了一些知名楼盘和先进操盘模式后，纷纷选择了离开。这是当时济南不规范的房地产市场环境所致：房地产价格较低，销售情况较好，代理行业内关系项目盛行，操盘水平参差不齐，代理费用偏低；而深圳的代理公司在济南承接业务则成本较高，又没有本地公司所具有的人脉，地域的差别使它们很难在短时间内融入本地文化。

面对困境，信立怡高人不但没有像一些同行那样黯然离开，反而将总部从深圳迁了过来，在济南立足扎根，深耕齐鲁大地这片地产沃土。

第二节

信立怡高，成功赢得山东主场

1. 十年专注，外来者变身本土企业代表

1999 年，信立怡高人第一次来到山东时，他们没有想到，在不远的将来会将企业总部从处于经济前沿的深圳，主动搬到这齐鲁大地的首府——济南；他们更想不到以后会在此地花费十年的心血，在昔日同行们水土不服的新区域开创出属于自己的一片天地。

世间风云变幻，人们总会遇到许多意想不到的事情，商海风云更是如此。从 1999 年到 2004 年，信立怡高在济南连续承接了嘉恒商务大厦、银座数码广场、泉印兰亭小区、富翔天地、明珠国际商务港等多个楼盘代理项目，都取得了不俗的成绩。成功的背后，是信立怡高人所付出的难以计数的智力劳动和辛勤汗水。不过，他们在得到齐鲁人民认可的同时，也遇到了深圳同行在这里遇到的诸多难题：地产代理市场环境混乱、代理费用低廉等。这一切现状的深层次原因，是南方先进的服务型企业对尚未成熟的山东地产市场水土不服。

虽然取得了一些成就，但是，同样是从南方过来的信立怡高面临着和深圳同行们一样的难题：离开，还是坚守？

这不但涉及到他们如何定性济南的地产市场，还关系到公司的发

展战略。这个时期，全国地产市场发生了一系列变化。20 世纪 90 年代后半期，随着住房实物分配制度的取消和按揭政策的实施，从深圳、上海等地开始，波及全国的房地产市场逐渐启动，住房已经成为人们新的消费热点，全国各地出现了大大小小的地产热潮。到了 2004 年的时候，由于房屋价格持续上涨，地产业出现过热的迹象，国家相继出台了多项调控措施。

根据多年的房地产实战经验，信立怡高人判断，此后的地产行业将逐渐进入“大鱼吃小鱼”时期，全国 20% 的实力强大的开发商将逐渐占据市场 80% 的份额，大量实力弱小、建筑水平较低的开发商将在接下来的几年中被淘汰出局，地产品牌的号召力将会愈发强大。

在这样的背景下，房地产代理服务企业已经不能像以往那样在全国各地大量代理地产项目，凭借简单的“广告轰炸”的方式销售楼盘、获取高额代理费了。与商品生产企业不同，像信立怡高这样以智力服务为主要特色的“轻公司”，更加依赖于长期业务中形成的合作关系以及凭借专业实力打造出的品牌效应。如果没有一个稳固的“根据地”，这种“轻公司”将面临在全国“打游击战”的发展困境。

同时，在地产实战操作中，信立怡高人也发现在全国“遍地开花”式的房地产代理，本身就存在着诸多的问题。董事长乐智强在《信立怡高这十年》一文中，在写到面临的问题时，将自己一干高层自嘲为“救火队员”。

随着业务量的急剧增加，公司在内地的发展快速扩大，但公司技术人员在此时因业务量大而出现了服务质量下降、人员管理失控等问题，为维护项目正常关系，公司高层马不停蹄，四处奔波。现在回想起来，用“救火员”这个词也许更能贴切地形容公司高管们当时相当长一段时期的工作状态：项目出了技术问题，“救火”；代理费不能及时结算，“救火”；管理队伍不稳定，“救火”……由于粗放式的经营，导致四处“救火”，造成了资源浪费、成本增加、效益低下、队伍不稳、信心低落等问题；而此时的深圳，由于项目需求大，也出现了三五一伙当老板接项目的风气，“拉杆子占山头”，“跑单帮”一时成了深圳同行业的潜规则。

面对越来越好的市场形势，如何摆脱“救火员”的尴尬局面，抓住机会，保证企业能健康地可持续地发展，成了我们苦苦思考的难题。

信立怡高董事长乐智强

诚然，和深圳日趋成熟的房地产市场相比，济南，甚至山东全境的房地产市场刚刚起步，将其称之为尚处于“蛮荒时代”也不为过，出现各种不尽如人意的情况在所难免。但是，这里的前景亦是一片光明。更重要的是，信立怡高已经在济南这首府之地初步站稳了脚跟，打出了自己的品牌，主动上门要求合作者络绎不绝。面对这种大好的形势，如果丢掉实在是可惜。经过缜密的思量后，信立怡高人更愿意将这片“房地产蛮荒之地”称之为充满商机的“处女地”，如果信立怡高能占据山东房地产代理市场的大半江山，那么其实力在全国同行中仍能位居前列。

乐智强等人遂将分布在全国各地的公司骨干陆续召回，将公司发展的重心迁移到济南来，集中兵力在山东市场吃透做强，再图谋他地。

十余年的时间弹指一挥间就过去了。专注的信立怡高如今已经成功地将自己融入了齐鲁大地之中，成为山东地产代理业中首屈一指的本土企业，实现了“地方公司、全国知名”的初衷。

2004年后，在环境日趋规范、竞争日益激烈的房地产代理市场中，信立怡高接连承接各种地产项目，不但坐稳了济南地产代理的头把交椅，还将分公司开到山东各二、三线城市，相继策划推出了“重汽·彩世界”、“济南海鲜大市场”、“泰安银座城市广场”、“临沂沂龙湾”等一系列经典的楼盘项目。正是得益于“巩固根据地”的企业经营策略，信立怡高不但挺过了2008年金融危机的冲击，还借势壮大了自己的实力，和保利等知名地产商合作，推出了“保利·芙蓉”、“海尔绿城全运村”等楼盘。

十年来，信立怡高以其持续的地产营销创新服务，在赢得越来越多的合作伙伴的同时，也获得了诸多的殊荣。

2002年，公司荣获“2002年济南优秀营销策划公司”荣誉称号；

2003年，公司荣获“2003年济南房地产十大优秀营销机构”荣誉称号；

2003年，公司被《济南时报》授予“房地产营销策划品牌企业”荣誉称号；

2004年1月，公司荣获“济南房地产十大优秀营销机构”荣誉称号；

2004年，公司荣获“济南地产策划品牌企业”荣誉称号；

2004年，公司荣获“2004年齐鲁地产营销十大品牌企业”荣誉称号；

2004年12月，公司董事长乐智强被评为“2004年济南策划领军人物”；

2005年1月，公司被《齐鲁晚报》、《生活日报》授予“2004年度影响济南策划公司”荣誉称号；

2005年9月，公司荣获“2005齐鲁十大优秀房地产策划机构”荣誉称号；

2005年10月，公司于《济南时报》举办的第四届现代生活方式展“地产、运营、城市”评选活动中获得“最具策划力地产经纪公司十强”荣誉称号；

2005年12月，公司董事长乐智强被评为“2005中国房地产最具价值经理人”；

2006年1月，公司荣获由《齐鲁晚报》颁发的“2005济南影响力策划公司”荣誉称号；

2006年1月，公司荣获由《济南时报》颁发的“2005年度济南地产品牌策划企业”荣誉称号；

2006年，公司荣获“中国房地产策划代理百强企业”称号；

2007年，在中国房地产品牌价值研究成果发布会上，信立怡高被评为“2007中国房地产策划代理区域公司品牌”。

【地产链接】保利·芙蓉的逆势营销奇迹

保利·芙蓉作为保利集团在山东的首个项目，在2008年拿地之初，就确定了“当年拿地，当年立项，当年开工，当年开盘，当年封顶，当年清盘”的大手笔规划思路。但是，当时济南地产市场的降价风波正在持续上演，刚性需求受到抑制，推售高涨，竞争加剧，降价风潮引领市场。同时，二手房市场的需求也在下降。可以说，保利初进济南，就遭遇到了恶劣的宏观市场环境的挑战。

从保利·芙蓉项目本身来看，该项目处于大明湖景区周边，配套成熟，升值潜力大，但是地处旧城，属于棚户改造区，社区环境脏乱差，地势低洼，且地段交通堵塞严重。保利和信立怡高精诚合作，举办产品说明会，从景观、园林、材料等方面，对产品进行详细解读；从客户角度出发，针对客户制定详细的预选房方案，进而掌握产品、客户比；根据产品供需比制定详细的价格策略，让每套户型都物有所值，提高解筹率；采用差价策略，低起价、高均价，最大范围满足不同客户需求，引发更大市场关注并配合阶段性促销策略的实施，以绝对优势消化目标客户群。

同时，信立怡高还对项目周边的山东大学、历下区政府、东关街道办事处、山东省商业学校、济南市中心医院等区域单位（客户）进行行销，扩展行销渠道。在济南市春季和秋季房展会上占据主要位置，通过推盘展示使客户与项目零距离接触，此举不仅誉满泉城，同时吸纳储备了大量的目标客户。

经过多次战略决策的碰撞和多场营销战役的展开，保利·芙蓉打破了市场坚冰。开盘当日销售率即高达75%，销售额逾2.4亿元，刷新济南楼市多项纪录，成为2008年济南楼市单盘销售套数、销售额双料冠军，创济南单盘当日销售率之最，并在开盘两个多月后传出售罄喜讯！创造了2008年“当年拿地，当年立项，当年开工，当年开盘，当年封顶，当年售罄”的逆势营销奇迹！

2. 大道无形的“怡高式”地产策划策略

作为国内最早一批从事地产代理的元老级专业服务公司，信立怡高在专注地产营销的十几年里，和中国地产业一起成长，策划了一个又一个经典楼盘。特别是近十年来，随着信立怡高在山东地产代理市场所占份额的逐年扩大，他们在实践中形成了一套有着独特风格的地产营销策略。

在具体的操盘方式上，信立怡高人提出了自己的方法论——中国式方法论，以适应每一个新楼盘具体的微观环境。在山东这个有着深厚文化底蕴的市场中，信立怡高人注重将原有的区域文化元素植入新建设的楼盘中，使其具有更加浓郁的人文气息和高度的客户认同感。在营销代理楼盘时，信立怡高从单纯的代理销售逐渐扩大到全方位的智力服务，使自己和开发商结成紧密的合作伙伴关系，从最初的立项开始，直到楼盘的后期物业管理开发都参与其中，甚至提供运作上市等“一条龙”式的服务，在山东开创了全程贴心式地产代理服务的先河。随着实力的不断增强，信立怡高还以辉煌的业绩赢得了地方政府的认可，并被邀请参与城市建设和开发规划。这种“泛地产服务”不但让其找到了新的服务点，还使得他们能够从更广阔的视角看待地产营销，和开发商、区域城市一起发展。

“中国式”方法论的操盘模式

信立怡高进入济南房地产市场时，正是国外及本土的房地产代理企业从深圳、上海等一线城市向内地大举进发的时期。这些公司从西方和香港成熟的房地产顾问咨询行业中学会了以数字、模式化为主的营销策略，接下来的几年中，他们以此在一线城市及部分经济较发达的二线城市取得了很好的市场效果。一段时期内，“拿来主义”的代理营销模式盛行于内地各大城市。

同为从深圳走出的元老级地产代理商，信立怡高在济南的前三个楼盘项目策划营销得非常成功，也使得他们对地产营销理论有了新的体会：策划代理楼盘，要遵循根据市场确定项目的操盘方式，不一定非要有固定的技巧招数。具体来说，就是在这个人文、地理、经济环境和深圳有着巨大差别的地区，在一线城市适用的营销模式在这里并不一定行得通，要想策划代理好一个楼盘项目，需要根据其所在的地理区域和具体的人文、经济等微观环境，采取不同的营销模式。

曾有人将信立怡高这种没有固定“招数”的操盘方式称为“游击战”式的开拓市场方式，但毋庸置疑的是，这种方式效果甚佳。在这个关于房地产策划理念较为混乱的时期，乐智强等信立怡高的高层及时和员工一起探讨公司日后的策划之路，经过多次的争辩、论证，最终大家统一了思想：房地产策划需要先进的理论支持，更要符合区域市场的具体要求。

后来，乐智强曾多次谈到信立怡高“中国式”方法论的来历。

方法论和学术论同样重要，相辅相成、缺一不可，这就是现阶段的“专业化”。济南是一个千年古城，有自己非常坚固的颠扑不破的文化根基，外来文化从没有彻底征服过这个城市，本地文化对房地产营销的影响不可忽视。济南的房地产业还没有完全走出初级阶段，过于学术化的操盘方式很可能会栽跟头。怡高能在三年内迅速崛起，不仅仅是靠深圳经验，更重要的是靠适应济南市场的方法论：既不照搬“西点理论”也不迷信“黄埔教学”。毛泽东用小米加步枪带领“土八路”把武器精良的日本帝国主义赶出中国，把美国武装的国民党军队赶到台湾，靠的就是中国式的方法论。《星星之火，可以燎原》是方法论，《论持久战》是方法论。但中国式方法论绝对不是无源之水、无根之木，而是在中国传统文化基础上，基于对中国国情的了解而创新性地创造出的适应环境的战略战术。

乐智强认为，怡高的方法论说到底就是要解决“我从哪里来，我现在是谁，我要成为谁，我将怎样做”的问题。对策划者来讲，了解项目及所在区域本身的历史渊源及其在城市大环境中过去、现在、未来的发展脉络，就是解决“我从哪里来”的问题；分析项目在区域内的现实和未来价值，就是解决“我现在是谁”的问题；进行项目定位，确定市场购买人群定位，就是解决“我要成为谁”的问题；制定推广策划战略，制定销售策略，就是解决“我将怎样做”的问题。

信立怡高总经理朱江

信立怡高和山东乐成置业有限公司合作，代理富翔天地项目正是这一理念的完美体现。2003 年初，信立怡高从乐成手中接过已销售了一段时间的楼盘。富翔天地的特色在于规划建设都严谨专业，楼盘品质非常过硬，在济南可以说是一流的。但是，就是这样一个绝佳的楼盘却一直销售情况不佳。

信立怡高接手后，通过市场调查和目标客户群分析，发现了问题所在：一是地理位置不佳，二是楼盘广告诉求点不准确。原来，该楼盘当时位于济南的东外环外，而且原址以前是一处养牛场，给人们的第一印象就是偏远、简陋。此外，楼盘的前期推广诉求是“休闲”概念，没有突出自身上佳的楼盘品质。

在普通人眼中，富翔天地项目地理位置较偏僻，但是他们不知道这里正位于济南市政府规划的高科技“硅谷”区域，是企业和白领的聚集区，在将来完全具有升值的潜力。而且，该楼盘还处于济南的“十分钟都市生活圈”内，并不像人们认为的那样偏僻。居住在富翔天地，在十分钟时间内，就可以轻松到达洪楼广场、洪楼教堂、山东大学、山东省图书馆、大润发超级市场等等，享受这些优质的城市配套服务。

因此，信立怡高将富翔天地项目的广告诉求重点重新确定为“树立高品质、高投资价值形象”，并在当地各大媒体开设了一系列城市话题专栏，以专题新闻的方式，将项目品质和区位优势向公众推广，取得了良好的效果。

同时，信立怡高还顺势推出了一系列的活动，以吸引人们持续关注富翔天地。其中最具有轰动效应的，当属聘请从德国回来的足球明星杨晨作为富翔天地的品牌代言人，其健康清新的形象不但暗喻着富翔天地的高品质和良好的地产投资前景，更契合了富翔天地浓郁的德国韵味。这是济南楼盘第一次选用足球明星作为代言人，产生了巨大的轰动效应。当封盘以后的首次开盘时，出现了排队购房的盛况。富翔天地营销的成功，奠定了信立怡高在济南商业和住宅楼盘营销代理上的专业化形象和地位。

【地产链接】乐成·富翔天地

乐成·富翔天地坐落于济南市区生活主干道经一路旁，与百年学府山东大学相邻，山东省图书馆、大润发超市、百花公园近在咫尺，又处在具有济南中关村之称的山大路科技街向东辐射半径之中，地段优势强劲，凝聚着厚重的山大文化情结。富翔天地项目占地170亩，总建筑面积22万多平方米，整个项目按照整体规划、分期建设的思路进行开发，项目采用“德式花园洋房”的设计概念，单体建筑形式秉承德式新古典主义建筑风格，小区规划采用围合式结构，单体与联体结合，人与自然高度融合，地块南北狭长、地势平坦，区内组团环境自南向北，社区氛围温馨。

项目在形象上打造成了“济南首家花园式景观园林住宅”。本着“尊重自然，以人为本”的设计理念，大手笔地建设了20 000平方米的中央亲情园林，并在中央景观带放置了著名艺术家的原创雕塑作品，开创了济南市景观住宅的先河。

怡高文化地产：将地产化为艺术品

建筑是凝固的艺术，它体现了地产项目设计、建设和营销专家们对文化的理解和追求。“泉城”济南有深厚的历史文化积淀，如何将这独特的区域“人文”元素植入接手的地产项目中，让其具有更加丰富的人居文化底蕴，具有更持久的文化生命力，成为信立怡高人在地产策划中始终关注的问题。

房地产策划专家超然，将文化地产的演变过程形象地分为四个阶段：第一阶段是房地产的诗歌化时期，是房地产产品附加了文化概念；第二阶段是房地产的娱乐化时期，类似于选秀热潮；第三阶段是房地产的艺术化时期，已经将房地产项目上升到了艺术作品的层面；第四阶段是房地产的哲学化时期，能体现出许多理性的元素。

泉印兰亭是信立怡高项目组将济南本土文化与楼盘项目结合得十分成功的一次尝试，它是信立怡高人理解齐鲁文化，将文化与地产深度融合的起点。短短的三年时间之后，信立怡高人就推出了震撼全国的地产艺术品项目——重汽·翡翠郡。这个项目成为2006年、2007年济南地产市场的奇迹，其策划思路、操盘手法被中国房地产职业教育网收录到《2009年全国房地产营销策划案例全集》中，成为房地产从业人员探讨学习的经典案例。更具有传奇性的是，信立怡高的这次文化地产策划，不但推火了重汽·翡翠郡这个项目，还使得原本籍籍无名的重汽房地产（重汽下属的一个只有二十多人的小房地产公司）一跃成为山东知名地产商。

2005年，位于济南天桥区的重汽集团整体搬迁后，留下了约500亩的土地。重汽集团打算将这里开发成总建筑面积68万平方米的高档商品住宅楼，并希望能保留一些中国第一个中型卡车基地的遗迹，后者也是重汽集团许多老员工的心愿。为此，他们向多家知名房地产策划代理商发出竞标邀请。

当时的天桥区是济南的老城区，棚户区、批发市场都拥挤在此地，是人们争相脱离的地区，许多开发商也都认为这里不适合建成高档住宅区。经过实地调查后，应邀而来的地产代理商们认为重汽的要求过于严苛，纷纷退出竞标。但是，信立怡高并没有随波逐流。在仔细分析了重汽·翡翠郡的项目要求、地理环境和济南的城市发展规划后，他们大胆接受了这个项目的代理。

信立怡高人认为，重汽曾经的辉煌、重汽人对济南的贡献，都成为济南历史中不可磨灭的一页，钟楼、水塔、厂房、植物等许多遗留景观，不单单是遗迹，更是这段历史的见证。在建设重汽·翡翠郡项目时，如果为了建设新的楼盘而全部推倒这些文化遗迹，实在令人扼腕。于是，信立怡高人突破常规，从项目规划期就参与进来，将历史文化、高档品牌楼盘以及后期引进的北京师范大学基础教育示范学校等因素综合起来，通盘考虑这个大文化地产项目。

为此，信立怡高项目组建议开发商聘请了国际排名前十的设计公司——澳大利亚柏涛（墨尔本）公司进行社区规划和户型设计。在设计中，独栋、联排别墅、花园洋房、普通住宅等不同种类的户型全部是济南市场绝无仅有的。一经推出，就受到市场的热烈欢迎。信立怡高项目组又及时帮助开发商将翡翠郡原创的 TOWNHOUSE（联排别墅）、花园洋房、椭圆形住宅、圆柱形住宅等住宅产品申请了专利。

在整体规划中，出于对历史的尊重，信立怡高项目组建议开发商保留了厂区中的数百棵高大树木，并通过对项目原生树木、旧礼堂厂房等原有建筑一些具体素材的有机整合，使得项目倡导的尊重自然、尊重历史、尊重人文的理念得以充分体现，强化了社区人文环境及其特色。

而信立怡高项目组策划引进的北京师范大学基础教育示范学校，更成为改善这个城区基础教育薄弱的示范，一时间传为美谈，提高了重汽·翡翠郡的品牌含金量。

【地产链接】重汽·翡翠郡的户型设计

户型设计是翡翠郡项目的精髓，其所有的建筑形式，都是围绕规划的三个基本原则来进行户型设计的：一是多样化，多层次户型设计；二是南北通透、户户有景，结合规划总体构思；三是空间可塑性原则，作为规划师、建筑师应该为居住者提供可塑空间。

为此，翡翠郡的大部分户型都打破了单一景观，利用南北对流形成双面景观，让住户无论走到哪里都能欣赏到优美的景致。同时，房间基本全是南北向，户型设计秉承了实用、舒适与美观相结合的理念，从细节处着手体现人性化。

例如，在一些户型中加入了中西厨相结合的结构设计：半开放式的中式厨房利于扩大视线空间，而全开放式的西式厨房为生活带来了便利；再如，有些户型在独立书房外设计大面积露台花园，让主人可以在轻松、舒适的环境中阅读、工作，打破常规书房的封闭性和严肃感。

全程贴心式地产代理服务

“化腐朽为神奇”，在信立怡高的地产策划历程中，不乏这样的神来之笔。且不说最早邀请信立怡高来济南解决烂尾楼难题的嘉恒商务大厦开发商，以及销售业绩始终不佳、令其颇伤脑筋的泉印兰亭开发商，就在信立怡高扎根济南开拓本土市场时，也不时有开发商找上门来邀请这业内知名的智力“外脑”给自己出谋划策。其中最有名的就是信立怡高采取全程贴心式的地产代理服务方式，帮助开发商将昔日令人头痛不已的烂尾楼运作成为济南的标志性高档写字楼——明珠国际商务港，创造了又一个“变废为宝”的地产奇迹。

2003 年，山东建工集团邀请信立怡高出山，给位于济南经一路火车站出口处一栋停工已十余年的烂尾楼把脉建言。提起这个名闻济南的“烂尾楼”项目，业内人士十有八九都会频频摇头，大叹难办。要了解其困难之处，还要从这个项目的缘起开始说起。

其实，这个项目最初是属于一个破产的国有企业，一直因为没有合适的投资商而停工，后来山东建工集团为了资质评审而仓促接手，并且打算将其建设成一个超高层的高档办公楼。但是这个项目的周边地理环境很差，交通不便，可以说计划在一片棚户区中心建起一个现代化的写字楼，给人的第一印象就是：不怎么样。

面对这个连前期调查都十分不足的“政治任务”项目，如何保证其竣工后能顺利收回成本并持久盈利，成为困扰山东建工人的难题，令他们十分烦恼。在多家地产代理企业都打退堂鼓后，他们抱着试一试的想法找到了在济南地产界声名鹊起的信立怡高。而这时，济南的写字楼市场正处于低迷状态，整个房地产市场也处于刚起步阶段，这样不利的市场环境更加大了这个项目运作的难度。

在诸多同行不解、观望的目光中，信立怡高人沉着地开始了新的调查。之后，信立怡高项目组向山东建工提出了自己的判断：这个楼盘有希望，并建议将其建成济南有代表性的国际商务港。听到这个消息后，外界议论纷纷，这种与同行主流观点背道而驰的建议实在有点儿石破天惊的意味，但是信立怡高人基于对该区域发展空间的良好预期，以及对自己策划代理服务能力的高度自信，仍然坚持自己的观点。

信立怡高副总经理聂非

这个明珠国际商务港项目所在地的环境固然有些差，但是它毕竟地处济南老火车站附近，属于繁华区域内，从发展的眼光看，随着政府对周边环境的治理和建设，明珠国际商务港的优势地位就会逐渐显现出来。为此，信立怡高人还发掘出这里的历史渊源——以火车站为中心，周边有着济南商埠近百年的辉煌历史，曾是济南甚至山东的交通陆路口岸枢纽。如此非同寻常的历史背景也证明了这一地区至今仍具有的城市标志性地位和巨大的商业价值。

为了完美地体现出明珠国际商务港在火车站地区的商业中心地位，信立怡高人和开发商一起积极地出谋划策，配合政府对楼盘周边的环境进行改善。更重要的是，信立怡高人为这个 11 万平方米的大体量项目精心打造了一整套的楼盘设计、营销以及后期商业运作方案。

针对火车站区域往来人流量大、楼盘适宜办事处驻点、商住两用需求旺盛、酒店型物业市场需求量大的特点，信立怡高人经过充分的论证，对这个项目进行全面整合规划。他们开创性地引入了酒店式商务公寓、产权式酒店这两个投资性新产品，将产品打造成集星级酒店、酒店式商务公寓、空中豪华写字楼、配套国际商务会馆为一体的综合性物业。

在营销推广方面，除了在山东各大媒体上做一系列的软文、新闻等公关活动外，信立怡高人还采用了多元营销渠道的开发模式，同时开创了济南市的几个“第一”：第一个以大客户营销方式开发客户的代理商，第一次参加温州房展实现浙江销售的代理商，第一次在东营设点引来东营投资者的代理商。此外，信立怡高人还成功地进行了跨国界跨区域的楼盘推广，邀请美国代理商进行境外推广，第一次在美国销售中国的房地产项目。

多元渠道的开发有力地支持了项目的成功营销，积聚了大量客源，成为项目成功的重要保障。为了与这个济南第一高楼相匹配，他们还在济南首开先河，重金聘请了国际一流商务物业公司——第一太平戴维斯作为后期的物业管家。

在信立怡高人的精心策划和全程参与运作下，这个“烂尾楼”项目甫一开盘，就受到了市场的热捧，成为当时不景气的济南楼市中唯一耀眼的亮点。

【地产链接】明珠国际商务港

明珠国际商务港总高度188米，是“济南第一高楼”。为体现它国际级商务领航旗舰物业的完美品质，信立怡高人在项目策划中，引入了国际星级酒店配套设施并按星级酒店标准配设了多个大型国际会议中心。另外，还按照国际酒店标准设有咖啡吧、酒吧、健身娱乐休闲中心等高档商务、生活设施，并采用了与国际同步的超5A智能系统集成技术，卫星数据传输、同声传译等国际顶尖技术系统。同时，还聘请了国际著名物管公司提供星级酒店式管家顾问服务。一系列产品规划整合后，明珠国际商务港以其国际品质当之无愧地成为领航济南的龙头性国际商务平台。

“泛地产服务”拓展怡高发展空间

信立怡高项目组精心策划运作的明珠国际商务港，不但给他们带来了如潮的好评，还带来了一个新的发展契机，那就是以出色的智力服务和丰富的地产策划实践经验，为城市改造建言献策、参与到城市规划发展中去。在运作明珠国际商务港这个济南市的“老大难”项目时，信立怡高人以其优秀的策划创意和专业的服务吸引了当地政府部门的注意，他们在明珠国际商务港周边环境改造上提出的多项合理化建议也得到了相关领导的认可。

2003年后，济南市的城区建设步伐加大，需要有实力的知名地产服务机构出谋划策，而信立怡高的企业发展方向也从为地产商服务逐渐转向区域城市建设和运营服务上来。他们专门成立了济南睿思博房地产信息咨询有限公司，为政府及开发商提供市场信息与战略顾问服务。

良好的合作历史使得信立怡高很快成为山东地方政府重要的合作伙伴，而信立怡高在市中区土地招商、高新区土地招商、万紫巷改造等项目中提供的咨询服务，成为这些地区顺利开发的重要保证。

真正体现信立怡高这种转变的一个成功案例，就是其提供顾问服务的海尔绿城全运村的营销。这是济南市政府借第十一届全国运动会在济南召开的机遇，带动体育产业、改善城市面貌、发展城市新兴区域的一个项目。而全运村是全运会的重要配套建设项目之一，济南市政府以解放思想、勇于创新的姿态，将全运村的建设与策划营销工作全部交给了大型民企，政府不投资、不参与运营，只是在审批、程序等方面给予支持，开创了政府与民企在大型赛事配套设施建设上合作的先河。

海尔和绿城两家开发商竞得全运村的开发权后，和信立怡高合作，以保证在时间紧、任务重的项目要求下，能得到其高质量的“外脑”

策划代理专业服务。参与原本是政府主要工作的体育设施的策划营销，对信立怡高人来说，也是一个考验。

在信立怡高人眼里，以往的城市新城建设，都是政府先在核心区域打造出一个标志性的建筑，再引进开发商建设周边的次要项目。而第十一届全运会全运村的建设则反其道而行之，先引进开发商——海尔和绿城，营造出热点地段，再借开发商的建设“东风”顺势带动济南东部整体区域的发展。可见，开发商建设的全运村在济南东部区域发展中具有重要责任，这对以地产服务为主的信立怡高来说，荣誉与责任同样巨大。因此，在策划代理这个项目时，信立怡高人从一开始就站在了济南东部新城发展的战略角度来看问题。

为了更好地完成这项艰巨的任务，信立怡高人不但从设计之初就开始参与全运村的规划，还时时站在政府、公益的角度考虑全运村与周边设施的配套协调，力争建设出来的全运村不但建筑质量一流，更能以与地区环境和谐共处的优势，形成整体的地产魅力，受到购房者的青睐。

海尔绿城全运村位于奥体文博片区核心位置，总占地面积 1 300 亩，总建筑面积近 200 万平方米，一期规划建设中，全运村建筑面积 80 万平方米，包含 36 栋多层、17 栋小高层、11 栋高层、1 栋 26 000 平方米的大型运动休闲中心、1 栋五星级酒店和 2 栋酒店式公寓。在大手笔的规划中，全运村将被建成一个高档时尚、人文宜居，具有“高新区中心、信息金融中心、奥体中心、省级服务中心、文化娱乐中心、经十路标准段综合功能区”等在内的现代功能完备的新城区。

为此，信立怡高人反复论证，提出了“全运第一村”的口号，它既切合了全运会的盛事，又强调了第一个全运村的唯一性和排他性，简单明了、朗朗上口；该口号的提出，还契合了全民共享、全民全运的理念，并昭示了开发商的强大实力、长远眼光和历史责任感。

紧接着，他们确定了“全力借势全运会，打好三大战役”的营销推广总体思路，以及“中国全运第一村，全省共享”的推广主题。并通过形象战——清晰认识全运村，品牌战——实力保障全运村，品质战——全面展示全运村，体验战——体验真实全运村等几大措施提升全运村的魅力，使人们认可济南这个新的奥体文化地区，从而认可这个在全国有着唯一性荣誉的全运村楼盘。

在信立怡高人的努力下，尽管面临着金融危机、全运村房价较高等不利因素的影响，然而截至2009年底，海尔绿城全运村仅用10名置业顾问、1年的销售时间、不到1 000万元的营销费用，就创造了26亿元的销售奇迹。创造出济南市8 000元/平方米以上高档住宅中，销售金额、套数、面积、均价、市场份额五项第一。全运村在营销上取得的佳绩，人们对这个地块的喜爱，达到了政府既定的借楼盘开发凝聚人气，使其成为新区顺利建设的动力源的目的，实现了胜利完成重大体育赛事、城市新区发展、建设优质地产等多赢的局面。

正是基于这个原因，2009年12月4日，在北京举行的“中国房地产的奥斯卡”——“第十一届CIHAF（中国住交会）中国房地产三名（名人，名企，名盘）颁奖盛典”上，组委会把首次设立的“年度贡献大奖”颁发给了海尔绿城全运村。

信立怡高人付出的智慧和汗水也得到了应有的回报。在“2009年中国房地产品牌价值研究报告发布会暨第六届房地产品牌发展高峰论坛”上，信立怡高荣获“2009年度中国房地产策划代理公司区域领先品牌”和“华南地区房地产策划代理公司品牌价值TOP10”荣誉称名，品牌价值达到2.78亿元。这已是信立怡高连续三年获此殊荣，也是山东省房地产策划行业唯一的获奖单位。

第三节

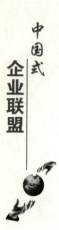

珍贵的企业价值观：怡高基业长青之本

在信立怡高初入济南的时候，曾经有大大小小数十家地产代理企业与它一起争夺市场份额。几度风吹雨打之后，如今只有信立怡高越战越强，终于蚕蛹化蝶，成为山东本土地产代理的“龙头”，并在全国同行业中跻身前列。当初的竞争对手们不是消失了，就是改行了，或者退出这片市场转战他地了。

掐指算来，信立怡高在山东参与的项目已经达到了300余个，建筑总体量达2 000多万平方米，业务量年均增长250%以上，仅2009年一年在山东境内策划代理项目销售额就达到50亿元，完成策划代理、顾问研究等项目50余项。如今，怡高不仅在济南、青岛、烟台、临沂、泰安等山东省5个地市都设立了分支机构，其业务还在进一步向山东其他区域扩展，其策划代理的项目扩大到了潍坊、威海、莱芜、聊城、东营、滨州、德州、济宁和枣庄等多个重要的三线、四线城市。

作为以策划、代理为主要服务方式的智力型轻公司，信立怡高从20世纪90年代初成立至今，始终保持着一副稳健发展的良好态势。这其中，既有企业决策者对地产代理行业深刻理解、正确引导企业发展的功绩，也有怡高人在实践中摸索出来的独特的企业文化不可忽视的作用。

说起企业文化，许多人都认为它是虚的，是企业领导做给员工看的，是企业做给客户看的，只是企业塑造自身美好形象的一种手段而已。或许在其他行业的企业中有这样的矫饰例子，但是对于信立怡高这样的轻资产公司来说，这确乎是非常真实的存在。没有优秀的企业文化，就不可能打造出业界公认的企业品牌，也不可能留得住优秀的人才，更不可能连年推出地产营销奇迹。

1. 一切为客户着想

“做事先做人”的行事准则

“做事先做人”——这是信立怡高人一向的行事准则。面对每一个楼盘代理项目，无论大小，他们都会以严谨、认真和负责任的态度去工作。在服务开发商的过程中，信立怡高的管理层总会以身作则，以项目为中心，全方位地为客户着想，及时发现问题并提出完善的解决方案。在和客户合作时，信立怡高项目组的成员们都会牢记这样一句话：要同舟共济，开发商没想到的，我们已经想到；开发商想到的，我们已经做到。

正是基于这种高度负责任的态度，信立怡高项目组才会竭尽所能，挖掘每一个楼盘项目的潜藏价值，他们代理的楼盘才会出现一个又一个火爆的销售场景。例如，在全程代理明珠国际商务港项目的过程中，项目组通过细致的发掘，发现了历史上这个商埠口岸区域在齐鲁地区的辉煌地位。经过反复考证，他们提出了延续历史文化余脉的“口岸经济”概念，并希望能以此带动明珠国际商务港这个火车站周边地区的“口岸物业”。

但是，面对这个策划方案时，开发商心存疑虑，信立怡高人用科学的论证和积极的态度说服了开发商。精心运作后，这个策划取得了空前的成功。从此，信立怡高更加受到合作伙伴的信赖。

在信立怡高人眼里，他们的服务对象不仅仅是开发商，还有广大的购房者。这样一个颇具新意的提法，是信立怡高人独特的经验之谈。无论是开发商也好，代理商也好，他们的目标是一致的：建造好的房子，将房子卖个好价钱。想要顺利卖出楼盘，就离不开购房者的支持。但是，许多开发商和代理商多少都有些“店大欺客”的心理，自己处在强势地位，对购房者有些轻视；或者在销售楼盘时对购房者热情有加，一旦交易完成或没有达成交易，马上就是另一种态度。

在信立怡高人心中，他们却将购房者看成与开发商同等重要的合作客户，并提出了“得客户者得天下”的口号。他们从前期策划设计到开盘销售，再到后期物业服务中，处处为购房者着想，获得了良好的口碑。以至于在济南有不少的购房者在买房时先看看是不是信立怡高代理的楼盘。例如，城市33项目的成交业主中，有20%的客户属于信立怡高在此前积累的老客户；富翔天地二期项目中，有高达78%的购房者都是一期业主介绍过来的。

善于说“不”的乙方

很多与信立怡高初次合作的开发商都有这样一个感觉：在合作中，面对有争执的问题时，信立怡高是一个敢于也善于表达自己不同意见的合作伙伴。这是因为信立怡高人始终是抱着为客户服务、同时也是为社会服务的责任感去工作的。很多时候，他们会站在城市运营的高度去观察与对待每一个具体的项目。

例如，在有的合作项目中，开发商的方案已设计好了，准备施工了。双方签订完代理服务合同后，信立怡高人在对已定的方案论证的过程中，发现方案脱离市场，只要开工即成过时产品，他们及时将问题提出来，为了项目的成功希望开发商能够修改方案。有的开发商对此不太在意，信立怡高人态度坚决：宁可中止合同也要坚持自己的意见。开发商经过仔细、慎重的研究后采纳了他们的建议，再后来推向市场看到市场认同的实际效果后，开发商为信立怡高人认真负责的态度所感动，后续合作也更加顺利。

在过去，不少代理商由于自身实力等方面的局限，对通过关系拿到的代理项目，在运作中往往跟着开发商的意见走，没有自己的独立思考和策划方案，也因此受到开发商的轻视。而信立怡高人则凭借着

"专业级"的服务和开发商合作，为了项目的成功，往往勇于表达自己的意见。在一些攸关项目成败的关键问题上，信立怡高人更是提出自己专业的解决方案，而不是盲从。正是凭借强大的专业实力，信立怡高人提出的专业性意见往往会被开发商认可，在双方的齐心协力下，项目大都会取得不俗的销售业绩，由此形成一个更有利于双方合作、更有利于信立怡高发挥专业水平的良性循环。

追求细节完美的服务法则

在与客户合作代理项目的具体工作中，信立怡高人不但有着超强的宏观把握能力，还对细节有着执着的追求。从最开始的市场调查工作的组织，到市场调查的整个过程；从调查报告的撰写，到项目定位、产品定位；从销售策略的制定，到销售的整个过程，信立怡高人都非常注重细节。他们在每个细节上都下足了功夫，力求每个环节都能做到尽善尽美，以保证项目的运作成功。

信立怡高人在项目策划建设中，充分体现了其追求细节、追求完美的品质。例如为了保证潍坊某项目小区的高品位，信立怡高项目组特地从澳大利亚聘请了世界著名景观设计大师担纲设计，并为之提供尽可能周到的服务。在设计完成后，为了保证最佳的实际效果，信立怡高项目组还参与到该项目景观的实际建设中。在珍稀树木的选择上，他们帮助开发商严格把关，使小区之内所植的银杏树都是胸径在30厘米、具有70年－80年树龄的多头银杏树。小区路面的地砖，都是经过多达12次的试验和比赛，选出技术最好的师傅精心铺成的；曲折的小径上的鹅卵石，也是工人按照既定的标准一颗颗挑选出来的。

【地产链接】半山豪宅"以客户为中心"的选房流程

在济南的半山豪宅项目开盘销售前，信立怡高人面对600多位高端客户的诉求，及时调整了原有的开盘流程。确定了"以客户为中心"的流程，通过流畅、紧密的程序提高了选房的效率和准确性，减少了客户选房的手续，加速了客户的选房速度，提升了成交率，得到了客户的认可。革新后的选房流程，有以下几个特点：

唯一性

一户一份认购书，所有的认购书均提前写好，加快了速度，保证了准确性，保证选房当天不会重复销售。

首次使用确房卡

首次使用确房卡，由原来的“贴”改为“揭”，客户心理由被动变为主动，营造了紧张的氛围，加快了选房的速度，同时确保所选房源不会重复销售。

首次略掉确房区

原确房区是核对房源是否已经销售的环节，前两个环节已经保证了房源不会重复销售，为提高速度和效率，坚决地略掉确房区。

首次将签协议、财务放在一起

对客户实行高标准的一对一服务，避免原开盘中排队和客户多次起身和多次落座的情况，充分保证客户的选房速度和成交率，给客户营造出一种尊贵感。

吸引等候区客户注意力

等候区的客户往往表现出相对焦虑的心理，为了让等候区的客户能更加舒心，特意联系上岛咖啡、肯德基等餐饮公司给客户提供甜点和饮品，同时在舞台上安排魔术等表演，让客户真正在轻松的环境中选房，体现出了对高端客户的人文关怀。

2. 公司氛围：公平、透明、尊重、共享

“志同道合，简单开放”

企业文化看不见、摸不着，却又能让人实实在在地感受到。这种看似有些“虚无”的东西，只要应用得当，就能对企业产生犹如原子弹爆炸般的推动力。对于智力型企业信立怡高来说，营造一个能激发员工激情和创造力的文化氛围，显得尤为重要。

在早年的实际工作中，信立怡高高层就提出了“志同道合，简单开放”的企业文化，得到了员工的热烈欢迎。在企业中，首先强调的就是员工对地产策划代理行业的认可，让他们喜欢这种职业。只有这样，员工才会有发自内心的积极性、主动性，才能视解决工作中的难题为乐趣，才能更安下心来做长期发展的职业规划。“简单开放”，讲的是在企业内部提倡简单的人际关系，在企业内部力戒国企等单位中盛行的拉帮结派、勾心斗角等内耗现象，一切以工作为重，提倡团队精神。例如，在公司例行的“夜总会”（晚上召开的工作总结会议）上，不分职位高低，每个人都能就工作中的各种问题畅所欲言，中肯的建议当时就能得到大家的认同和赞赏。

新“八字”方针

到了2007年，在业务扩大的同时，信立怡高管理层也在探索着企业文化的改进方式。经过广泛征求意见和集体讨论，最后提炼出了新的“八字”文化方针：公平、透明、尊重和共享。这凝聚了公司上下几百人智慧的八个字，既体现了更上一层楼的企业文化水平，又向外界展示了其独特的企业处世理念。关于新八字方针的具体含义，每个员工都能根据自己的理解讲上十分钟，而董事长乐智强则有着更加全面而详尽的解释，他曾在2009年夏季的《怡高季刊》中，特地撰述了自己的理解。

“公平”——就是提倡对规则的遵守，打破论资排辈，鼓励快速成长，不唯工作时间长短论，而唯“理解市场、掌握工具、解决问

题”论英雄。驾驭自己，不靠关系而靠贡献与能力来把握成长的机会。

“透明”——企业是让每个人在一个平台上发展的，对于成长的需求与建设，公司对全体员工都给予机会，特别是表现出上进心和责任心的员工，更会受到“机会”的青睐。每位员工都有权利对公司发展、制度建设、公司经营的思想与方法进行了解并提出自己的意见和建议。

“尊重”——人只有在自身人格受到尊重时，才会做到合作愉快和心情舒畅，才能激发潜能让智慧闪光。“尊重”是企业健康发展的重要条件。信立怡高的“尊重”应该不仅仅是在生活和工作上对员工给予关心，而且还应在员工成长过程中对其每一个进步给予爱护和鼓励。对于创造性发挥才干或默默坚守、执行到位的员工都应该给予感谢，同时，追求事业发展与公司共成长的员工更会在企业中受到广泛的支持和表彰。

“共享”——信立怡高的发展，不仅仅是几个股东的发展，它应该是全体信立怡高人的发展，公司的成果是全体信立怡高人的成果。因为对于“共享”我们非常明确：共享发展中的机会、共享成长力量中的能力、共享创造的财富。只有这样，全体信立怡高人才能实现生活（质量）的提高，才能驾驭更具挑战的市场，才能实现追求的目标，才能尽到自己的社会责任并赢得社会的认可……

“公平、透明、尊重、共享”这短短的八个字，凝聚着信立怡高人多年的心血，是怡高核心的价值观，也是其企业文化的精髓。

3. 培养自己的地产代理精英

“请你将屋子里的任意一件东西，推销给在座的任意一位。”这是信立怡高在招聘员工时提出的“怪题”之一。

“差距=目标-现状。比如你的目标是三年内结婚，而现状是你还没有女朋友。那么你就要梳理一下你有哪些认识女孩子的渠道，计算一下一个月需要认识几个女孩子……”这是信立怡高的管理层在给新员工培训时提出的诙谐而又贴切的比喻。

怡高会组织的集体活动

2005 年的人才危机

独特而又高水平的业务培训和大量的实战锻炼，使得从信立怡高走出去的员工，都会成为众多同行抢手的“香饽饽”。可谁曾想到，在信立怡高发展的历史中，也曾多次为手中人才匮乏而苦恼。

就在信立怡高扎根济南市场五年后，很多人都以为可以松一口气的时候，一场信立怡高成立以来最为严峻的危机悄然来临。

发展迅速的信立怡高，面对日益扩大的山东市场份额，自身的短板逐渐显现：缺少能独立承担项目的成熟人手。人才匮乏的情况，从信立怡高来到山东时就一直存在，但在 2005 年集中爆发了。几年来，信立怡高也采取了种种措施去解决这个问题，包括从深圳高薪聘请专业人才加盟、在山东本地招聘并培养员工等等，虽然取得了一些成效，但也暴露出了许多问题。

起初，为了尽快解决人才匮乏的问题，信立怡高从深圳高薪聘请了一些人才前来山东。在工作中，有一些人对信立怡高的企业文化、理念不认同而逐渐离开，还有些人由于个人原因而离开。人员流动性较大，不利于项目的顺利完成。同时，在培养起来的山东本地员工的眼中，高薪聘请的人员享受着“同工不同酬”的待遇。

而2005年，竞争对手又加大了对信立怡高的“人才争夺战”，许多人才被挖走，有的房地产代理公司甚至上自公司副总下到技术人员，全部留出了空位，等待信立怡高的员工“跳槽”。一时间，信立怡高的团队处在混乱之中，一些项目也处在无人可做的状态。

“屋漏偏逢连夜雨”。到了2005年，全国房地产市场出现了投资规模过大、房价上涨过快、供应结构不合理、市场秩序比较混乱等问题，国家采取了金融、税收、调整土地供应、调控住房供应结构等一系列的宏观调控措施，给火热的房地产市场“降温”。经济排名在全国位居前茅的山东省，其房地产市场也受到了较大的影响。房价趋于停滞、开工项目锐减，整个市场处于低潮期。

挺身而出的本地员工

在这场没有硝烟的战争中，信立怡高培养的本地人才有了令人惊艳的表现，他们对公司的忠诚度更高，也更认同公司的文化理念，离职者很少，而且在危难中敢于挺身而出，承担重任。

但是，由于信立怡高属于智力型轻公司，主要向房地产开发商提供智力服务，培养一个成熟的房地产策划师，需要长时间的磨炼和大量经验的积累。不成熟的策划师在做客户的营销代理时，难免会出现这样那样的问题，甚至会引起客户的不满。

例如，在做泰安的一些项目时，信立怡高项目组与房地产开发商在合作中遇到一些困难，开发商对项目组的工作提出了批评。由于项目组负责人没有太多的社会经验，缺少沟通的艺术，在会议上被开发商不留情面地批评道：“我不要这种人来解决这个项目！”并向信立怡高高层提出要求：这个负责人必须剔除掉，不准让他服务这个项目。

忍着巨大的委屈，经过一次次耐心的沟通，特别是业绩的证明，使项目组逐渐赢得了开发商的认可。到年底的时候，这个项目顺利完成了任务，也得到了合作伙伴的真心赞赏。

信立怡高自己培养出来的一些员工，从大学毕业进公司工作，再到承担相应的任务，由于工作时间较短，社会经验并不丰富，但这种不利因素有时也能转变为一种优势，那就是：有时候单纯或者没有太复杂的社会阅历的人，只要把事情做好，反而会赢得客户的信任和尊重，能够得到客户真正的认同甚至是欣赏。在客户眼中，这也是一种忠诚，是一种付出和责任。

人才培养本地化

正是在这一年，信立怡高高层调整了自己的人才战略，摆脱了以往“快速空降兵力”的做法，更加重视培育自己的本地人才，让愿意跟着公司成长的人才参与到公司二次创业的大研讨中，让大家能和企业同步成长，并能够自己掌握公司的发展目标和工作准则。

经过一系列的措施，信立怡高高层将员工队伍稳定下来后，他们鼓励员工勇于承担重任。例如，如果一名员工愿意承担某个重要岗位的工作，而且他的基本素质能达到岗位要求，也敢于面对管理上的困难，信立怡高高层就会给他尝试的机会，并允许他有犯错误的机会。经过短期的尝试，这些员工的潜力往往能得到充分的展示。

在给予员工脱颖而出机会的同时，信立怡高还对他们进行有针对性的培训。培训极具实战性，是针对不同员工不同的成长速度，在专业技术上和视野上进行的差异性培训，以逐步提高其工作能力。

经过两年时间的调整，信立怡高完全摆脱了市场的冲击，培养出了属于自己的员工团队，从心理上、文化上真正从外来企业成长为本土企业的代表。

营销体系培训模式

在企业的发展步入正轨后，信立怡高高层制定了一整套人才战略计划，并迅速予以实施。信立怡高的销售体系培训，主要有以下几个方面的内容：

（1）培训讲师比赛。公司进行销售技术方面的培训比赛总结，并形成精品培训课程。

（2）第一梯队回炉。第一梯队回炉主要是公司针对现有的销售经理进行研发，促使他们不断总结、提升自己的专业水平。

（3）第二梯队培训。入选学员均为项目销售骨干及销售主管，培训班通过集中培训 + 观摩 + 实习的形式，让销售骨干对公司目前现有销售培训、管理及沟通课程进行学习，加快成长速度。

（4）销售实战会。通过实战会为销售经理提供一个互相交流、互相学习的平台。在下半年也会从销售管理的角度，对不同阶段销售经理的操盘思路及方法进行总结，以明确各阶段的工作重点。

（5）作业指导书。在原有作业书的基础上进行调整，分培训手册、管理手册两部分，完善后形成销售经理操盘指导书。

信立怡高通过建立子公司、分公司、事业部、营业部、大项目部等，把公司选定的与公司未来发展方向契合的人才纳入期权计划，让他们与公司成熟人才分享公司的成熟经验和成果，同时也分享责任和权利。这种责权利相结合的方式，不仅调动了人才的积极性，也为人才个人的发展和创新建立了更为广阔的平台，增加了他们的归属感。

外脑培训与文化活动

为了全面提高员工的素质，怡高还花费重金，从香港等地请来专家为员工作专项训练。如香港九型人格管理学院就是信立怡高的培训合作伙伴，他们的导师金波教授更是深受员工们欢迎的资深培训专家。通过培训，员工们了解了不同性格的人的行为动机及对事物的反应，进一步深入认识了自我、理解了他人，继而理解了营销工作。

为了提高员工对企业文化的理解，加强内部人员交流，信立怡高还组织了多种形式的企业活动。其中，“怡高杯”辩论赛就是深受员工欢迎的一种活动。在比赛中，信立怡高的各子公司、各项目组、各部门都会派出代表队参赛，辩手大部分是来自一线的销售人员、策划人员，辩题大都围绕“公平、透明、尊重、共享”等主题展开。

多年来，信立怡高在地产代理人才培养上的成功，也得到了政府的认可和赞赏。山东省建设厅还经常聘请怡高的领导层为“山东房地产高层次人才培训班”的学员讲课，听取怡高人从宏观、微观等方面就城市运营、房地产市场所作的精彩分析。

曾有一位大学刚毕业就应聘进入怡高的新人，在接受完业务培训后，在笔记本上感慨地写下了这样一段话：

大多数的公司，或者直接将应届毕业生拒之门外，或者只进行短暂的相关业务的培训便立刻上岗，而我们信立怡高的培训，全面、系统，着眼于新人长足的成长而非眼前的蝇头小利，使我们这些来自不同地域、不同学校、不同专业背景的新人，在很短的时间内对策划建立起一种概念。在策划的道路上，有前人成功经验的指导、失败教训的警示，较我们自己摸索，必然会少走很多弯路，从长远来看，也将有利于公司的发展。公司的大智慧、大胸襟从这里可见一斑。

也正是这种大智慧、大胸襟的人才培养模式，使得信立怡高受到很多应聘者的欢迎，在济南的人才招聘会上，信立怡高已经成为许多大学毕业生最“心仪”的雇主了。

正是因为具有这样独特的气质和魅力，信立怡高不仅吸引了众多山东本地的优秀人才，也赢得了无数进入山东开发土地的房地产商的支持，而且它还获得了世联地产的青睐，接到了对方伸来的橄榄枝。

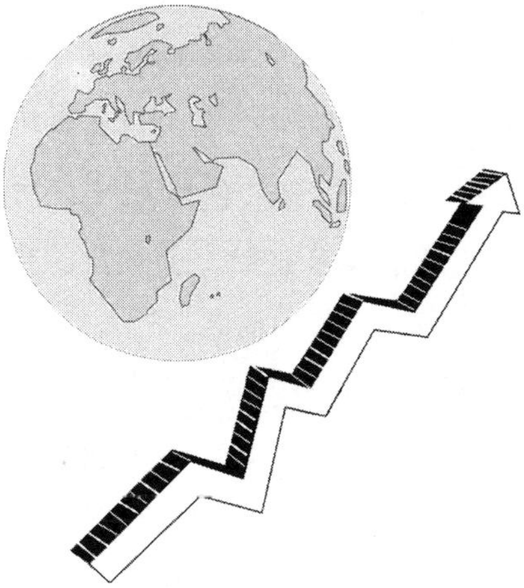

第四章 合并进行时

没有一个美国大公司不是通过某种程度、某种方式的兼并而成长起来的，几乎没有一家大公司主要是靠内部扩张成长起来的。

——斯蒂格勒（Stigaler，G. J.）

自20世纪80年代末开始，房地产代理业经过20余年的发展，已经成为我国现代服务业中的代表性行业和房地产业不可或缺的“伙伴”。这正是房地产业社会化、专业化分工的体现。

2000年左右，全国掀起了城市化建设的又一波高潮，房地产业也随之进入了加速发展的“快车道”。土地交易量、房屋建设开工量和竣工量连年大增，房地产交易的规模也急速扩张，原有的集土地交易、建设和楼盘销售为一体的“全能式”开发模式已经不能满足房地产市场的客观要求，开发商纷纷将经营模式由“大而全”向“专而精”的方向转换，将非核心业务剥离，外包给专业的代理服务商承担。以此为契机，房地产代理业迎来了全面发展的“黄金时代”。

潮涨潮落，这十年中房地产业取得了巨大的成就，也屡受市场经济的考验，房市大环境的变化也直接传导到了为之服务的房地产代理业中。近年来，房地产市场的变化和行业调整，要求日益壮大的代理业在拓展业务量的同时，必须提高服务质量。优胜劣汰，市场这只“无形的手”已经开始对房地产代理业重新洗牌，而科学、合理、可持续性强的服务模式已经成为代理行业竞争的焦点。

2010年，逐渐走出金融危机影响的中国经济，在各领域都显现出强劲的发展动力，房地产业也进入新的发展阶段，许多原先不起眼的二、三线城市，如今已成为城市化进程中的新主角。为了跟上房地产行业发展的脚步，业绩优秀的房地产代理商开始了自己的兼并整合之路，以扩大规模、提高服务水准。

对房地产代理业有深入研究的学者罗永泰教授曾撰文指出，房地产代理业的兼并整合，一般有三种模式可供选择：一是以代理业标杆企业为中心，整合中小企业，组成专业集团公司；二是行业内的优秀企业平等合作，共同组成大型专业服务集团；最后一种方式，就是以加盟品牌服务企业的方式，在全国市场快速扩张。

2010年，我国大大小小的房地产代理企业，有数十万家之多。罗永泰教授总结，代理企业可划分为四大类：一是从大型房地产公司派生出来的房地产服务公司；二是抓住了市场先机，抢先发展起来的规模较大、发展较为成熟的公司；三是挂靠在政府部门的服务公司；四是由营销策划人、销售经理、广告人等牵头组建的小型公司。在这四类当中，前两者由于竞争优势较大、资金和专业等实力较强，将是未来市场中的主体，而后两者则由于先天不足难以在市场中继续立足，将是被淘汰的主要群体。而世联和怡高，恰恰就是第二类之中的佼佼者。

第一节 为什么会走到一起

1.“惺惺相惜”的文化基因

世联和信立怡高的合并，引发外界诸多猜测分析，但对于他们各自的掌舵人来说，“惺惺相惜”这个词，更能道出双方携手共进的深层次原因。的确，有着相似的成长经历、相似的企业文化、相同的责任感的两家企业，更有可能成为志同道合的战友，在商战中结盟合作、共同发展。

十几年来，世联人始终将商业活动和价值追求结合为一体，将房地产服务作为自己专注的事业。“我们因团队而强大，因做足功课而专业，因郑重承诺而有信誉，因为客户发掘价值、降低交易成本而解决中国房地产问题。”这些通过深入思考和实践总结出来的企业核心价值观，已经成为每一个世联人心中的信条。

将“中国房地产市场服务的第一选择”作为自己愿景的世联人，有着自己独特的企业文化理念。对于房地产服务公司发展前景的判断，陈劲松董事长认为，一个地产服务公司的实力和潜力，好多都是取决于资产负债表之外的因素，比如有些公司的资产负债表内的数字可能都挺好，但是在实际的运营之中，公司的未来价值很有限。而信立怡高则正处在成长之中，是一家有未来价值的企业。这类正在成长当中的有价值的企业，就是世联地产未来几年很好的合作对象。

和任何以人才为基础的公司一样，专业服务公司的财务问题并不能说明一切。公司吸引和留住重要客户和杰出的专业人员的能力才是这些财务数字的真正动因。除非投入和产出失衡，公司的财务业绩才会下降。

其实，现在的地产服务公司，一旦公开跟媒体谈自身的战略规划时，很可能就是出于以下两个目的：要么是准备上市，要么是有人找他投资参股，这才开始要考虑这种战略性的布局。而乐智强董事长等人辛辛苦苦做了十几年的信立怡高，则低调地和世联达成共识，愿意接受参股和控股。这是真正出于对公司未来发展的考量。因为在讨论股权合作的时候，乐智强他们首先想到的是五百多名员工的未来，其次想到的是公司能如何持续发展。这是很难得的情怀，也是世联地产很欣赏的境界。

在和信立怡高的合作讨论过程中，陈劲松不止一次地意识到良性合作的重要性："跟乐董事长的信立怡高合作，我们希望能带好这个行业的一个方向和风气。"

乐智强也觉得，房地产代理服务行业到了一个需要裂变和起飞的时候。"为什么开始的时候，很多城市的客户对外地来的代理公司不接受呢？因为最早去的外地代理公司就是忽悠，忽悠完以后却没有做好，所以留下了很坏的影响。"乐智强深信："把行业风气搞好，对公司还是有好处的，因为即使是我们只把自己的公司搞好，但整个行业被不负责任的人搞乱了，到头来，代理公司谁也不会有好日子过。"

"公平、透明、尊重、共享"是信立怡高的企业价值观，这八个字体现了信立怡高对公司制度、资源与人才的看法。

"公平、透明"是信立怡高制度观的具体体现。如果把企业比作是国家的话，那么制度就是法律，它是维护公平、公正的有效手段，是对员工工作的基本要求，违反了制度就会受到惩罚。没有规矩，不成方圆，有了规矩和制度，真正做到公平、公开，就能使得制度的效力发挥最大化。比如奖勤罚懒、奖优罚劣体现了制度的“公平性”，处罚与奖励的措施能否执行到位则是对制度“透明性”的要求。在信立怡高人看来，“公平不透明”犹如锦衣夜行，不公开的奖罚对员工是没有激励效果的。而“透明不公平”的制度是对员工利益的巨大损害，更不会有人去真正遵守。公平与透明两者密不可分，只有公平、透明的制度才能成为全员接受的规范，支持员工在制度内发挥最大能力。

“共享”是信立怡高人的资源观。《神曲》里有个小故事说地狱的人吃不饱饭、骨瘦如柴，因为他们的勺子太长了，每个人都只顾自己，但是饭却怎么也吃不到嘴里。天堂的人精神饱满、身体健康，是因为他们相互用勺子帮助对方进食，这是互助、共享精神的一种体现。在企业里，共享体现了企业决策者及员工的胸襟与智慧，对资源使用的整合与分享能够使个体在较短的时间内尽可能地补齐短板、增强活力，整合出具有高水准的产品服务客户。一个企业的活力是企业整体合力作用的结果，企业的合力越强，所激发的活力则越强。自然，这就会要求公司建立一个良好的企业平台，在公司内营造一种“人人为我、我为人人”的积极氛围，为各类资源的共享建立起畅通的渠道。

“尊重”体现了信立怡高的人才观。有了规范的制度，有了共享的氛围与资源，还要有人，才能把这一切贯彻下去。人才是企业的生命线，有没有人才是企业能否长久发展的重要因素；而能否培养出人才、使用好人才、留得住人才，则取决于企业的人才观。物尽其才、人尽其用，要求企业对员工因材施教、量才使用，营造尊重人才的工作氛围。对不同类型的员工给予相应的空间，不搞一刀切，也不拿唯一的标准评判所有的员工。对人才的尊重归根到底是对人的尊重，这与信立怡高“专业精神、以人为本”的企业宗旨一脉相承。

大象无形，文化没有具体的表象却在潜移默化地运转着。企业文化支撑着企业的发展，企业价值观是企业领导者与员工据以判断事物的标准，一经确立并成为全体成员的共识，就会产生长期的稳定性，对企业具有持久的精神支撑力。企业价值观对企业和员工行为的导向和规范作用，是通过群体氛围和共同意识的引导来实现的，对企业制度形成了有效的补充。

有什么样的企业文化就有什么样的团队，也就有什么样的公司风格。乐智强董事长就很深刻地总结过世联和怡高联姻的必然性。他曾经说过：

现在很多同行企业的做法，真是八仙过海各显神通，有特色也有不少隐患。有些企业是投机型的，上海的模式、台湾的模式、北京的模式都有人尝试，但是和我们走的不是一条路子，企业文化理念是完全不同的。在山东，很多同行企业一开始名气很好，但是做了三年之后，口碑却变得很差。这样的企业运营的结果，就是行业越来越不认可，公司价值在持续降低，所以这个行业还是应该树立起正确的企业价值观和良性的企业文化才行。

在他看来，这次的参股合作，首先涉及两个企业文化的合作。价值观的认同、对行业理解的认同、对团队理念的认同，是两家企业能走到一起的前提。缺乏了这一点，仅仅是靠花一笔钱的一个交易行为，他认为二者是走不到一起的。他曾经说过：

我们在行业当中也寻找过其他的企业合作，但是我很快发现，一些北京的同行企业和我们的成长路径太不一样了，它们的企业经营的理念是爆发式的。我们也和上海的同行企业沟通过，但是找不到感觉。……它们的内部帮派体系很重，内外有别。虽然这些企业文化没有对错，没有好坏，但不是我们的价值取向，包括它们的经营模式也都和我们的未来规划不太合拍。我们要的是解决问题，我们要的是长远，不是投机。它们是先把阵地抢下来占领住，服务好坏无所谓，就是抢市场。这种思路以及员工的一些投机性的做法，我觉得都不是我们想要的。企业之间是交易，人与人之间也是交易。不仅仅是交易金额，即便是交易的过程，我们都很在乎，否则的话大家赚钱的渠道很多，不需要给不认同的公司控股。

其他包括代理行业中的台湾模式和香港模式，信立怡高人都有过详细观察。乐智强有自己的坚持："在这个问题上我们也很谨慎，因为企业好不容易创造出一个品牌，如果我们的文化价值理念不一样，就会很可惜，所以这也是我看重的。也是为什么跟世联地产洽谈合作的过程当中，我们投入了那么多的精力和时间。"

从前期的观察，到对世联企业文化的研究，到对世联提出观点的研究，再到近距离的接触，然后再派出多批骨干前往世联考察学习，站在行业的高度进行把握，信立怡高的慎重可见一斑。通过一两个项目近距离的合作、团队之间的沟通、不同角色的分工，他们彻底加深了对世联的认识。

"这个过程我觉得不是拍脑袋的过程，也不是大家理解上的企业的常规兼并，或者是并购的简单概念、简单意义上的层面，这也是合作整合过程中这一块的价值延伸。我希望能够把区域公司整合在国内一个有同样价值认同的大品牌公司里。"乐智强这样总结道。

回顾这次联姻的大背景的时候，陈劲松董事长也感叹：

中国人的合作文化确实比较缺乏……相比之下，美国的并购文化就有一个好处，那就是资本家给足够的钱给你，就能把你的公司买断了。这在美国的商业文化里是可以的，你对公司的感情是什么、有多少，是可以大体量化的，我给你一个足够的数字金额，就买了你所有的实体和感情，以后和你就没有关系了。

但在中国这样做却行不通。这是因为，第一你没法给创始人足够的钱，无论你出多少钱，人家在感情上都觉得不够。第二，美国的硅谷创业者，可以把公司卖给投资人，然后自己再去搞另外一个全新的公司，大家都能玩下去。但在中国，很多人把公司卖掉之后，他的事业就断根了。因为如果再搞一个新的公司，要么是同业竞争，会背上"这个人不地道"的恶名；要么是另起炉灶，但此时他的资源和时机都不一样了，新做起来一个同样成功的公司，在中国是相当困难的，中国的商业阶段决定了这种纯粹的西式收购弊大于利。

现在，市场环境开始成熟了，在房地产代理行业内，无论是形成寡头垄断还是集中度加强，市场已经开始逼着企业往这个方向走，小企业的生存空间逐渐消失，这也导致从事这个行业的人也逐渐明白这个趋势。世联地产上市之后，才有整合行业的机会，这在过去也是从未有过的。

以前，这个市场很浮躁，而且市场形势也比较好，赚钱比较容易，没有感觉到前面发展会有什么困难。而开发商对哪一家有价值、哪一家没价值也不清楚。到了2008年，金融危机和楼市的风云变幻，使人们对这个行业有了新的认识，对未来也有了新的看法。

2. 全国品牌联手地方龙头，1+1>3的效应

2006年，世联提出了自己的企业发展“十年战略规划”，主要目标有：成为一家主营业务全国领先的企业；成为一家全国性的公司；成为一家房地产服务产业链条完整的公司；成为一家具有国际品牌影响力的公司。

为了顺利实现这个宏伟的愿景，世联高层将其分为三个阶段实施：即2007年－2008年聚焦主营业务，2009年－2011年完成全国布局，2012年－2016进入品牌经营阶段。如今，世联的全国布局正在有条不紊地进行，收购信立怡高正是其中关键的一步。这几个阶段的规划，都来源于陈劲松对整个房地产服务业的思考和判断。他断言：

房地产服务业呈S形曲线发展。随着时间的流逝，这个行业的规模会突然增加。2000年之前是草创期，2001年到2007年，行业发展已经有了一定的规模，但是专业代理商的发展还是跟不上开发商的速度。同时，这个行业的集中度也在迅速提高。中国市场足够大，相当

于欧洲加美国，一手楼的销售市场饱和还有15年到20年的扩张期。这就看你有没有能力把握住机遇，打好基础迎接行业上升期。

对于世联来说，和地方品牌信立怡高的参股合作，既是其兼并之路的一次有益尝试，又能帮助它更快地融入山东房地产服务市场，扩大市场份额。对于信立怡高来说，和全国知名品牌世联合作，能借助其全国性的资源和经验，提升自己的实力和服务水准，还能使双方形成合力，深耕山东房地产服务市场。

和世联等全国性的房地产服务商相比，信立怡高虽然综合实力有所不足，但也有自己的优势：在山东市场，它有本土作战的先天长处。

同心合作，壮大业务

信立怡高董事长乐智强对笔者介绍了双方的"双赢"合作：

我们两家在品牌互动整合中，我认为是1+1>3的能量释放。因为房地产的地域性很强，每个地域的文化不一样，理念不一样，发展的阶段也不一样。所以，我们作为一个地方性的品牌被认同以后，最大的好处就是我们的服务到位，我们能够关注它，能够对它的企业的成长做出贡献。而外地的品牌企业和它的关系往往是单纯的商业关系，就是我付出什么你给我什么，不够关注地方企业的成长。严格意义上讲，就是缺乏情感交流，缺乏企业之间的关心。我们把这一块的贴身服务和世联的全国资源、品牌和能量高度整合起来，共同服务客户。对于客户来讲，他所获得的是一个可以看得到的超值服务。这就是全国智慧加地方经验两家品牌整合后的优势，这种整合我认为是现阶段以及未来一段时间行业里的趋势。

早在双方牵手之前，世联的顾问优势和信立怡高的代理优势，其实已经在山东市场有着现实的互补作用。近年来，世联以顾问的角色对山东品牌房地产开发商发挥着积极的影响力。在山东的主流城市，世联为当地的品牌开发商和国内一流开发商提供顾问服务，很受欢迎。但是，世联面临的最大问题是还没有落地，没有稳定的团队降落到这个市场中。而信立怡高在山东市场做得非常扎实，既有稳固的团队又比较熟悉地方文化。信立怡高的代理品牌加上世联的顾问品牌，两者的业务互补结合，将会更好地服务客户。此前，已经有客户提出过这样的要求：前期让世联帮自己做顾问，后期请信立怡高帮自己销售。

在乐智强看来，信立怡高进入山东市场已经有八年的时间了，公司处在步步上升的阶段，做得还是比较成功的。之所以能取得现在的成就，他认为最重要的是在信立怡高人的心中一直有一个全局的观念，与当地公司相比，作为外来者的他们，不但能以区域性视角看待本地房地产市场，还能站在全国的高度看待山东，更能以深圳成熟市场的参与者的目光观察山东市场的不成熟之处。随着时间的推移，信立怡高逐渐和本土公司融合在一起，并成为其中的代表，但他们也发现：这个行业对企业的未来发展要求更高了，信立怡高人的视野需要突破。

而且，这种突破不是简单的观念突破，它是从客户的角度、从市场的角度、从企业管理的角度、从技术的角度等整体性系统性的突破。所以，未来的信立怡高要想继续健康地向前发展，就必须突破旧有的观念，提高到全国的视野甚至是国际视野。所以，乐智强给信立怡高制定了一个成长规划——发展成为具有国际视野的房地产服务公司。

3. 平台不败，双派合流

据调查，目前国内房地产代理行业的市场集中度较低，2008 年全国代理百强企业的市场份额总计也只有 32% 左右。作为行业龙头，世联 2008 年的代理销售额也只有全国商品房销售额的 1% 左右。但是，作为智力型轻资产公司，房地产代理商的扩张速度很有可能超出开发商。因此，已经有行业分析专家预测，未来标杆性的代理企业代理销售额甚至有望超过大牌开发商。

在未来几年中，知名房地产开发商在加速成长中，会继续采用资源整合的业务模式，将房地产服务项目外包。而有过良好合作关系的代理商将是他们的首选合作伙伴，因此代理市场的集中度将持续提高，为世联提供发展机遇。

在专业服务上，世联最大的特点就是平台具有可复制性。这使得世联既能从容面对行业的人才高流动性，又能应对企业快速扩张的要求。

“咨询 + 实施”的业务模式并没有地域局限性，只要世联在一个区域市场有分支机构，就可以充分利用公司知识管理与信息分享平台，为当地的开发商和土地经营机构提供咨询策划服务和代理销售服务。开发商在异地扩张时，在消费者中间建立起市场口碑需要一个比较长的过程，而代理机构所服务的对象就是开发商，如果两者过去有过成功的合作经历，未来很容易在新的城市开展合作。

信立怡高和世联的合作，使怡高能够与世联共享知识管理平台，学习到很多与企业成长有关的宝贵经验，少走很多弯路。对于信立怡高来说，要想在未来的道路上走得更远，就需要一种适合它的、面向未来的现代企业机制。经过多年的摸爬滚打，它明白一个团队即使再优秀，也不能“包打一切”；它需要的不是一个英雄主义的团队，而是一个与世联平台类似的、以流程为主、各色人员分工到位、有稳定系统后台支持的企业团队。在这样的企业里，其治理结构不是以股份制为主，而是以平台为主，摒弃了传统股份制企业中的种种弊端。

乐智强十分珍惜这次合作，他说："世联已经代表行业先走了这一步，而且在国内上市，我们很珍惜这一次的融合，它缩短了我们企业走向这一步的距离，让我们能快速融入到这个平台上，让企业少走弯路，借鉴了经验，这是对我的团队最大的贡献。"

在房地产代理业内，一直都有"实战派"、"学院派"等流派的区分，他们以不同的理解和方式向客户提供异彩纷呈的中介代理服务。有趣的是，世联是企业中"学院派"的代表，而信立怡高则是"实战派"的代表。两者的结合，使双方达到了"各自拥有两个思想苹果"的效果，更利于它们的快速发展。对此，乐智强总结道：

学院型企业注重研究性，赚钱就是靠它的专业能力，把它的价值最大化。为什么世联的顾问服务走在行业前面？就是靠它的专业。学院型就是更有原则和底线，适合我的业务就干，不适合我的业务我就不干，这样就能一直保证服务品质。

信立怡高是属于以市场为导向、以机会为导向的企业。所谓以市场为导向，就是我们把握市场的能力很强，市场上出现的机会我不放弃，我能抓住别人看到的不是机会，这和我们驾驭市场的能力有关。这个能力分为几方面：一个是专业能力，一个是体系能力，以及对市场的掌控能力和沟通能力，还有冒风险的能力。比如世联不倾向做风险代理，而我们认为只要有合适的可掌握机会，我们可能也会做，在这一点上世联比较严谨。我们双方在这方面是个相互补充。

在企业合并的问题上，世联地产和信立怡高的高管们，寻找到了两家公司共同的优秀基因。他们站在行业的高度，思考这个行业的未来，在这个背景下，去探讨哪些企业具有持续的生命力，哪些人的观念符合保证使企业保持持续生命力的要求。因此，两家公司的合作前景，必定会取得 1 +1 >3 的结果。

第二节 行业范本：国内地产服务业首次成功合并（上）

1. 摸着石头过河的开始

世联成功并购信立怡高后，董事长陈劲松谈到公司第一次兼并的感受时，略带兴奋地说："这次合并，确实是摸着石头过河，双方都希望能够找一条好的合作之路，提高未来的行业集中度。"他特别强调："我们不是单店和单店的合作，是人和人的合作。"

那么，世联和信立怡高的兼并合作是从何时开始的呢？在他们的合作过程中，有哪些不为人知的故事呢？

事情要从2006年和2007年说起。那时候的全国房地产市场环境一片大好，信立怡高在山东的房地产代理业务也很多。在这样的形势下，有一个人却开始忧虑了，他就是信立怡高的董事长乐智强。经历过房地产周期起伏的乐董事长清醒地认识到，虽然目前的市场非常好，但是公司内部还没有一个良好的智力服务平台机制，不能和市场同步增长，这不是一件好事情。而且，未来市场的要求会越来越高，市场竞争也越来越激烈，甚至客户的成长也是加速度的，如何才能跟上一日千里的房地产服务市场的形势变化呢？

他想到了"借力"——借来外力提高自己，共同发展。于是，他将目光投向了业内的几家标杆企业，哪家公司更适合作为合作伙伴呢？身为国内房地产代理行业的元老，乐智强对这些同行的了解还是蛮清楚的。经过多方对比后，专业能力强、诚信经营、有平台优势的世联成为乐智强心中的“第一候选对象”。

乐智强对笔者回顾说：

我提出合作的想法是在2007年，那时企业发展也是比较顺利的，但是我认为企业的成长速度慢于市场发展速度，出现了不少问题，也受到竞争对手一波一波的冲击。总感觉到我们自身的公司建设，包括人才的成长速度都达不到国内一线企业的水平。所以，才打算跟外界公司合作，在这个方面寻找突破。

虽然乐董事长在2007年才想到和世联合作，但他在2004年、2005年也琢磨过与外力合作的事情，不过那时和他谈的是一家著名的美国房地产代理公司，双方就如何引进外国公司到中国市场进行了多次深入的研究。虽然那次的合作没有成功，但是乐智强有了一个切身的体会：当你在这个市场里面拥有了很好的品牌、很好的资源时，企业的成长空间就会很大，更利于合作发展。

将青春都奉献给了代理业的乐智强，看起来稳重和蔼，其实也是一个充满激情的人。他的内心深处始终有一种伟大的力量在推动着他前进——做企业的目的不是默默无闻地做下去，而是要做大做强，要做到能够承担行业责任的境界。但是，一个现实的问题摆在眼前，有了更好的资源，信立怡高如何才能做得更长久，舞台更广阔呢？

一次偶然的机会拉开了信立怡高和世联合作的序幕。在深圳召开的一次代理业百家优秀企业评比会上，乐智强遇到了世联的副总经理张艾艾，两人的交谈非常愉快，还就业内的一些问题坦诚交换了看法。

双方真正的接触，则是在2008年初才开始的。当时，世联想寻找一些在城市业务较多、在区域做得比较领先的合作伙伴，共同做大事业。世联在山东做顾问业务的员工宋春生，听到这个消息后认为信立怡高不错，且有和世联合作的意愿。这条信息传回世联总部后，世联负责投资的张艾艾开始和老熟人乐智强联系，双方的沟通频繁起来。

乐智强在和世联交流合作的同时，也和员工们谈了他的想法，不料，这个提议一开始竟遭到了很多人的反对。

乐智强谈到这件事的时候，说道：

大家的心理上首先是排斥的，觉得咱们信立怡高这么多年经营起一个品牌来不容易。咱们经历这么多风风雨雨后，好不容易把队伍建立起来，市场在扩大，口碑在提升，突然一下子要把企业卖掉，大家自然会有一种排斥感，而且感觉公司好像失去了发展的方向。

大家的排斥情绪发泄完以后，乐智强冷静地给大家提出了问题：我们的事业中遇到了很多困难，例如变化的市场、实力强大的竞争对手；我们在管理方面也出现了一些问题。面对这些瓶颈，单靠我们自己的力量去解决，我们的企业能坚持多久呢?

面对乐智强提出的疑问，大家在疑惑后开始认真思考，在思考和自省中慢慢转变为理解和支持。

2008 年，这两家之前没有合作过的企业开始了接触。打头炮的“务虚会”上，他们首先谈的是双方的企业理念、经营策略、企业文化等概念性的内容。这是因为，双方都认为如果观念上、理念上的沟通没有做好，实质性的合作很难进行。

乐智强等人带领企业的中高层骨干先后两次去世联考察学习。在考察中，信立怡高人对世联文化有了切身的体会，对世联的团队有了零距离的接触，无论是从专业水准还是工作的氛围上，都受到了很大的触动。回到济南后，他们写了很多自己的感受，也对与世联合作有了更多的共鸣和理解。

乐智强后来谈道：

任何一个合作，首先双方的价值观被认同以后，才会有基础进行下去。如果价值观不认同，这个合作的基础就很难稳固。所以，我们就是对企业的合作，包括股东的合作、团队的合作进行理念上的交流和沟通。因为根据行业特点，如果团队相互之间有了共同点后，合作才有价值。在这个谈合作的过程中，我们一直比较自信。因为我觉得在合作上，自己是有优势的，跟别人有相同点也有不同点，这样价值才会更大。

2. 停顿、沟通

几乎是在信立怡高寻找更好平台的同时，世联也在积极筹备全国范围的合作。

对于寻找什么样的合作伙伴，陈劲松对负责选择目标企业的高管们提出了两个硬标准：第一个就是团队，团队的素质很重要；第二个就是两个公司需要相互了解。同为业内优秀企业的创始人，陈劲松对乐智强和他的团队也很熟悉，认为乐智强、朱江和聂非等人组成的信立怡高高管团队很不错。

双方接触不久，到了 2008 年 3 月，世联召开内部管理大会的时候，就要求信立怡高的团队一起参加，这是两个公司合作前的一次相互交流。其后半年，当双方交流渐入佳境的时候，出现了两件事，使谈判暂时中止了。一件事是双方在收购价格上出现了分歧，另一件事就是世联地产通过了主管部门的审核即将在 A 股上市。

在谈到当时谈判涉及的实际问题——收购价格评估的时候，世联地产的 CEO 周晓华对本书作者介绍说：当时，我们对于信立怡高的估值和对方的差距比较大。收购的定价，一般是按照年度的净利润乘上一定的倍数。我们双方一开始对这个倍数意见无法统一。

乐智强董事长也回顾：由于当时对企业的价值评价不一样，参股价格制定的标准大家理解不一样，所以这个合作就没有继续下去。加上 2009 年世联也是在上市过程中，这件事就暂时搁置了。

一般来说，对于轻资产的服务专业公司，收购时其价格的确立是基于国际公允价格的评估，而不是资产估值，同时还和团队的业绩表现挂钩。而在代理行业中，非上市企业的收购价格，就是以其每年的营业额为基础，按照市盈率的一个约定倍数进行计算。

在收购谈判中出现价格不一致的情况，这是很正常的。无论是国外还是国内，企业并购中，价格向来都是谈判的重中之重。一次性顺利谈成的案例如凤毛麟角，少之又少；何况双方首开国内房地产代理业并购的先河，毫无先例可循。

世联地产 CEO 周晓华

这时，经过三年的准备，世联的上市之路到了最后冲刺的阶段，公司上下以此为中心，忙得脚不沾地。出现分歧的收购工作，正好借此机会暂停一段时间，使双方都有时间仔细考虑。

成功上市后，世联上下都松了一口气，也有更多的精力思考与信立怡高的合作了。2009 年初，双方重新开始沟通，谈判的进程加快了。

当时，陈劲松、周晓华和世联投资部总经理范颖专程赶赴济南，就合作问题和信立怡高的中层干部面对面沟通交流。陈劲松等人与信立怡高的管理层和员工们坐在一起，开了个沟通交流会，就信立怡高未来的发展以及和世联的管理机制的接轨等问题进行了坦诚而深入的沟通。

沟通会上，没有出现以往合并讨论中激动的场景，双方都很心平气和，令在场的律师都很惊奇。周晓华讲述了当时的场景：

我印象特别深的，就是我们三个人跟他们的管理层沟通的时候，作为两个合作的单位，大家都非常的融洽和平和，都很开放，随便提问，没有相互防备，不像是谈判对手，还真像是一家人。在场的律师都表示感到出乎意料，我觉得这一点是比较难得的。

这次沟通会成为双方合并中的一个转折点，此后实质性的谈判进程加快了。

3. 焦点问题如何解决

平和融洽的沟通氛围，并不代表交流中没有分歧。召开沟通会的目的就是要增信释疑，加深了解。据周晓华回忆，在会上对方提的一些问题还是非常尖锐的，其中有三个问题令他记忆犹新。

第一个尖锐的问题，是关于分公司的发展。怡高的分公司总经理是有股份的。但是世联参股了以后，肯定不能认可这样的结构，所以就要陆续收回来。第二个尖锐的问题，是对员工有什么好处，对员工未来的发展世联到底能帮到什么。第三个问题，就是关于自主权的问题，管理层在合作以后，对他们会不会干预，是不是我们会派人去管他们，对此他们比较关注。当时我们承诺，就派一个财务总监过去，董事长和总经理还是他们的人当。

在并购过程中，世联的确做出了较大的让步。但是对于一些信立怡高的老员工来说，他们失去了对怡高的控制权，未来可能还会失去这个品牌，这还是令他们很难受。因为这些人见证了公司从无到有、从小到大的发展过程，自己也亲身参与到建设之中，一下子变成了世联牵头的新的信立怡高，从感情上来说，很多人一时难以接受。

这时，世联出于对怡高的品牌和新公司的发展考虑，对企业名称、管理机制等等都设了一个过渡期，这就能较好地解决实际中存在的问题。

这次并购的全过程，给世联高层最深的一个体会，就是这种服务型轻资产企业的估值，是一个非常专业的问题。术业有专攻，以房地产顾问见长的世联，在并购方面完全是一个新手。为了做好并购工作，世联和科尔尼公司等一流的咨询公司合作，聘请他们的专家做自己的并购顾问。

在并购专家看来，服务行业的发展有三个阶段，即积累期、集中期和联盟期。我国的房地产代理业处于积累期向集中期发展的过程中，这个过程大概会持续五到十年的时间。而行业内的并购，随着这个行业规模化的发展，已经慢慢开始了。但是，在并购的过程中，中国的轻资产服务行业的定价，目前还没有能直接借鉴的例子。世联和信立怡高的合并，是一个很有意义的尝试。

世联地产董事会秘书梁兴安

世联收购估值观点的转变，其中还有这样一个故事。据世联地产董事会秘书梁兴安回忆：

2009 年开始重新启动谈判时，有一件事我的印象很深刻。在我们挂牌上市之后，乐智强电话过来谈合作的事情，周晓华也认为应该重新启动谈判。谈的过程中，大家又陷入了价格之争，各持己见。他认为你给的低，我们认为怎么能这么理解？双方已经开始走不下去了，这个时候乐智强觉得不应该出现这样的情况，就飞来深圳和大家一起吃饭，一起探讨这个事。后来，我们把各自的背景和立场、为什么这样想、为什么这样说又交流了一下，后来发现是我们的路走偏了。

在世联高层看来，他们不希望自己像投行或 IPO 投资者那样，投资信立怡高是为了以后盈利时能退出去。他们深刻理解到，代理服务业的合作，实际上是以人的价值为主。参股合作之后，必须要取得双赢才有意义，帮助对方的公司发展起来，实现双赢，才是最重要的。

从这个角度看，简单的以市盈率的方式去评估一个服务型企业的价值，未必公正。另外还有中国房地产的发展轨迹已经是确定了的，前几年是非正常、非理性的年份，现在很多企业都处在非成熟期、非稳定期。这个时候简单地用一年的业绩好坏进行评判也有些不合理。

第三节 行业范本：国内地产服务业首次成功合并（下）

1. 合作的本质：一群人与另一群人的牵手

这一天，已经不知道是第几次了，世联地产再次召开高管会议讨论参股信立怡高事宜。在这次董事会上，大家对世联和信立怡高在业务方面的合作再次梳理了一遍。他们认为，未来跟信立怡高合作之后，在业务或者专业领域方面，会有很多“有趣的”交集，将对双方产生相当大的推动，双方将有更深的合作。周晓华指出：

我们在全国九十多个城市开展业务，在山东我们和信立怡高就有业务交集。我们的顾问业务和前端业务影响力还是比较高的，客户还是很认可我们的前端服务，还希望我们能解决怎么落地的问题。有的客户就曾提出：“我能不能买你们两家的服务，一加一的方式？你们在前期把定位做好，然后用怡高做后期的代理工作。”在客户眼里，我们这两家公司对他都很有吸引力。两家公司合并后，以后肯定还会有交集，山东是我们环渤海区域的重点。在业务上还可以更好地发挥信立怡高的优势，达成世联地产落地的效果。

以往，世联的顾问业务有一种很好的方式，就是由高端进入，在城市先做影响力，这样就能扩大客户基础。但一般来说，代理业务在新的市场——例如山东市场中很难迅速扎根。而信立怡高在当地有固定的消费者群体、成熟的销售团队，这就可以有效解决顾问服务的延展问题。如果世联地产要快速扩张，就一定要在重要城市进行深耕，而信立怡高在这一块很有优势，比世联成立自己的分公司要方便得多。

倘若世联自己开拓山东地产市场的业务，因为没有现实的客户积累，就需要有一个较长的市场进入周期，而且初期业务的成本也很高。如果世联与信立怡高合作，在山东市场，前期的顾问部门将业务做好了，后期的代理部门可以马上跟进，速度会更快，效率也更高。

当时世联内部的高管，都对参股合作非常积极。但是，面对双方的现实分歧，怎样才能和信立怡高继续合作下去，众人都苦无良策。

这时，世联董事会副总经理、董事会秘书梁兴安就提出来：

我认为人力型公司的合作，不是资本的合作，是一群人跟另外一群人的合作，这一群人跟那一群人是不是对未来的想法一致，是否能够互相吸引、互相了解，是否有一个共同的信念基础，是合作的前提。

我认为核心问题不在于价格方面的分歧，而在于双方的认识上，大家共同发展的基础存在不存在。信立怡高的团队对我们共同发展的理念和世联地产现在的理念，认同不认同？大家对行业的看法和未来认同不认同？对未来发展的价值取向和追求认同不认同？我们所信奉的给客户创造价值、专业问题和专业立场、追求专业高度和价值这一方面对方认同不认同？我们首先要追求这些方面的一致，如果不一致的话，那就不是价钱的问题了。显然，只谈价格会把大家引入死胡同。

梁兴安还建议，要跟怡高的所有管理成员进行面对面的沟通，把双方的理念谈清楚。这个问题解决了就有可能继续往下走，才会有合作的基础。当时世联地产的董事会决定就这么办，随后不久，一行人就飞赴山东，和怡高管理团队进行了关键性的会面。

2. 风雪兼程，直面高层沟通

2009年12月，世联上市后的第四个月，在一个罕见的大雪纷飞的日子，陈劲松董事长一行，飞赴山东济南信立怡高总部开会。这一次，真正是双方坦诚交换意见、达成共识、推进合作的关键时刻。

这一天，双方把各自的理解都坦率地表达了出来，在共同发展的理念基础上达成了共识。他们共同合作的基础，就是这一批人都热爱这个行业，并且相信这个行业的价值、相信专业服务，对未来的发展满怀信心，愿意在共同理念和平台上去冲刺未来、创造未来。

在沟通交流中，面对自己企业员工“卖企业”的疑虑，乐智强董事长进行了详细耐心的解释。

有关和世联谈判的消息传出去之后，企业遇到的第一个问题，就是如何让大家充分了解并购的情况。的确，社会上关于并购有太多的负面传闻。比如原来的老板带着一大笔钱扔下大家跑了等，这是最冲击员工信心的。对此，我们解释得很清楚，我们这帮高管还会继续运营管理这家公司，这样就稳定了军心。第二个问题是有同事觉得被抛弃了，觉得被创办人欺骗了，像谈恋爱时候被欺骗了感情，这是一种信任的问题，也是一种情感的问题。有些同事说得很动人：“虽然我不是公司的法律股东，但我是感情上的股东。”如果贸然硬性出售公司，同事的感情会受到伤害的，这个冲击是很大的。我们耐心给大家解释，通过沟通，一级一级地解决了信任的问题。

两个公司的管理层深入交流的成果，就是达成了两个共识：一是如何确立未来的道路，二是如何共同将愿景付诸行动。世联让信立怡高先制定一个详细的三年发展规划，看怡高在发展当中会面临什么样的问题，需要哪些投入以及世联的支持和帮助等，然后在这种前提下考虑和世联的合作。

这样的共识和发展规划，既对信立怡高巩固在山东的行业地位有利，也对它的成长有利。同时，对世联来讲，找到这样一个对未来充满信心，一个完整的、有想法的、愿意投入努力的团队合作，就是给自己找到了一支生力军。当天在讨论完规划后，双方还一起接着开始了财务等方面的事务讨论。

双方对这次沟通的成果感到很满意，第二天一早，世联一行人在漫天大雪中赶往机场，飞回深圳。

回首看去，那次会谈主要解决了怡高三个股东和核心团队的疑问。半个多月后，合并的事情基本已见端倪，陈劲松等世联高管再飞济南，与信立怡高的几十位中层管理干部进行了新一轮的交流，和众人再次进行头脑风暴，达成了更广泛的共识。

对世联人来说，这是自己企业的第一次大型外部并购。而双方的参会者都有这样一个亲身体会：人力型公司收购的其实不是资产，合作的不是资本，而是以资本为工具和线索进行的人与人的合作，团队与团队的合作。人的合作理念，战略发展的一些原则和想法，应该是合作的前提。如果没有这个前提，虽然从法律上能完成合并，但双方并没有真的凝聚起一股力量，是很难长久坚持下去的。

从此，世联对今后能够和什么样的地产代理公司合作，双方如何沟通和定价，有了自己的经验。

虽然大家统一了思想认识，但是世联和信立怡高的高管们也都明白，合并后他们的工作更艰巨——这两家公司是在不同的市场环境中成长起来的，它们的地域背景、企业背景和文化背景都有不小的差别。这种情况下的合作，对双方观念的整合难以一蹴而就，而是需要在未来几年内不断磨合。

世联和信立怡高都是有十几年文化积淀的公司，它们都已经形成了自己的经营套路。其中，世联是一家具有公众影响力的公司，在运行规则等很多方面都有严格的规范要求。信立怡高过去是一家区域性的公司，是一家纯粹的民营企业，从文化理念到运营管理到具体市场业务的开展以及运营管控这些方面，和世联都有许多的差异。

例如，不同的地方分公司有很多独特的本土办法和本土规则。在合作初期，必须允许这种情况的存在。对于并购方来说，可以指出某个做法不合适，但不要指望它在一夜之间完全改变。习惯的力量是强大的，在转变上不能拐大弯。对于被并购方来说，合并融合的过程，其实也是让自己逐步学习、改变习惯、不断提高的过程，这也需要理解和接受的时间。一句话，融合不能操之过急。

无论现实中还有什么样的问题，这次的并购从总体上说是成功的，陈劲松和乐智强等两家公司的管理层对双方未来的合作之路有了更强的信心。

在具体的合作技术方面，世联表示出了充分的耐心，相信在未来的三年甚至更长时间内会完成双方的融合。他们认为，对于信立怡高这样比较成熟和稳定的团队，他们所要做的不是去改造，而是多种具体和实用的帮助。怡高需要什么样的支持，他们就提供什么样的支持；需要他们提供哪方面的资源，他们就提供哪方面的资源。然后，在这个过程中，逐步磨合，最后达到新的统一。

其实世联也知道，对信立怡高来讲，实际上它不缺资金，缺少的是专业的平台以及大规模的管控经验。当时，万科希望年销售额达到1 000亿目标的时候，就提出要请管理过2 000亿规模的人来帮助管理。同样道理，信立怡高如果未来想继续扩大规模，现有管理团队的能力可能遇到“瓶颈”的限制。

相比之下，世联地产在很多城市的年营业额都能达到四五千万元，在东莞和佛山这样的城市更是远远超过这个数目。这说明世联具有以大城市为中心发展周边城市，将整个区域的营业规模做大的核心能力。

在信立怡高未来发展的道路上，乐董事长采用了一个“PK”的方法去统一员工的思想，他启发大家：

我们这样一个企业怎么发展好呢？无非是两条路：一个是自主发展，一个是合作发展。大家全部参与进来，分为两个组对未来之路进行PK。通过三次会议PK，大家慢慢就看到了，企业自己发展会有什么问题，合作时又有哪些困惑和哪些问题。哪些问题是解决不了的，哪些是能解决的。大家慢慢就变得更为理性了。

在济南曾经有一个项目组，签了两个合同，一个是怡高做代理，一个是世联做顾问，两个团队在竞争，这就是良性竞争。每次世联地产汇报的时候，乐董事长他们就把公司的几个骨干，以及其他项目骨干全部叫过去旁听，就能发现双方在服务质量和品牌上的区别了。

乐智强董事长举了一个简单的例子，说：

曾有员工告诉我，世联一个伙伴跟他说过如下类似的话：对外界来说，谁能代表信立怡高呢？就是三个老总，乐智强、朱江和聂非，其他人都代表不了。而谁能代表世联呢？世联地产的每个人都能代表。每个人都拥有世联集体的荣誉感，能够通过世联的平台获益。这就是两者的不同之一。所以大家慢慢了解后就会发现，合并对大家是有好处的。情感的困惑一下子转不过弯来，可慢慢就会化解的。

从世联的角度看，信立怡高之所以能拥有今天的市场业绩，肯定会有一些必然的因素在里面，一定有它适合山东市场的东西，对这方面世联是应该尊重它的。

信立怡高之所以愿意和世联合作，除了因为世联的品牌以外，还因为世联有能力帮它把市场做大，这是双方合作的基础。具体来说，世联能“帮”上信立怡高什么“忙”呢？

首先，山东市场是全国市场的一部分，世联有很多客户到山东发展，世联就能协助信立怡高构建一个对接的体系，让它与世联的老客户开展合作。

其次，世联的策管和知识管理平台，即知识的共享是有很高价值的，这也能与信立怡高分享。

最后，世联在一个区域内做市场份额的能力非常突出。例如在现在的东莞和佛山，世联的目标是做到市场份额的25%和30%。信立怡高在山东省的营业规模现在还没有做到用市场份额来评价的程度。在这方面，世联就能“帮”怡高的“忙”，双方一起发展。

事实上，参股并购一个公司，对世联的业绩增加并不明显。这是因为单个的地方公司，现在的规模都不大，但是如果有一批参股公司的话，业绩就会有明显的上升。世联借助“并购”这个平台，将各个地方的市场份额做大，以后的效果就会显现。而且，经过这次的合并，为世联以后与其他同行的合并积累了宝贵经验。

那么，日后如果世联的大规模并购展开后，会不会出现“消化不良”的症状呢？对于这个疑问，世联的发展历史已经能够给出肯定的答案。良性参股合作，可能会有一些磨合，双方对此都会有心理准备。世联是从市场中发展起来的公司，并不是只在一个地区发展，在全国已经有了那么多的分公司，每个公司发展的起因和具体情况都是不一样的，发展的状态也不完全一样，这些问题在世联体系内，早已有了足够的理解力和解决能力。可以说，凭借世联全国管理的丰富经验和“平台不败”的快速可复制性体制，要解决志同道合者加入世联大家庭的“消化不良”问题并非难事。

3. 沟通会实录：坦诚交流，增信释疑

2010 年 1 月 12 日，在济南信立怡高总部的会议室，世联和信立怡高的管理层进行了深入的交流。在会议上，陈劲松向信立怡高成员介绍了世联的发展之路，并对目前的行业现状作了精辟的分析讲解，讲解后又详细地回答了怡高成员的各种问题。

陈劲松介绍，目前国际同行上市所引发的“五大行”竞争，因各种因素的限制尚未进入中国。因此，世联具备了上市的空间。房地产代理企业的成长是从小组（Group）到团队（Team）的转变，其核心竞争力就是团队的价值。世联上市后，正加大对平台系统及员工培训方面的投入，解决专业大分工的问题。在 2008 年房地产业大萎缩，业绩、利润下滑的情况下，世联经受住了考验，得以在 2009 年顺利上市。

在陈劲松眼中，2009 年是非常重要的一年，它预示着以外贸出口和制造业提高产能的时代结束了。随着对铁路、公路基础设施投入的加大和城市圈的加速形成，中国内陆城市与沿海城市的距离被拉近，主动地城市化成为拉动内需的重要方面。

关于中国服务业很难走出本地市场的普遍现状，陈劲松指出，其主要原因在于很多房地产服务业同行的服务质量经不住考验，不能长期持续地维护品牌，行业内部的人对未来考虑太少。世联从事地产服务业，服务品种主要是一手代理、顾问、咨询，到一个新的市场面对的客户不同、地域文化不同，贸然再叠加新业务肯定不行。世联上市后加大了对 CRM（客户管理系统）、KM（知识管理系统）、员工培训系统的投入，从而实现让整个团队制度性长跑。

世联与信立怡高的合作，前提是理念、信念的高度统一。世联看中信立怡高的四点是：

（1）专注于行业、聚焦主营业务；

（2）团队成长——组织的成长是行业成长的唯一途径；

（3）市场与世联高度互补；

（4）企业文化一致、共同规划未来，这是最重要的。

世联在与信立怡高的合作上，基本打算是支持现有信立怡高团队做大做强，主要是采取以下几个方面的措施：

（1）信立怡高的市场竞争力已被认可，哪块不足就加大相关投入；

（2）信立怡高保持相当长时间的稳定，世联不干预实际经营，可以策应，稳固山东市场，发展周边；

（3）将世联现有的系统植入信立怡高，共享、融合、互补，降低信立怡高的试错成本。

会议上，世联高层联袂出场，回答了信立怡高同仁的各种问题，为了尊重历史，重现这关键的沟通一幕，现将当天双方交流的主要内容汇总如下：

Q1. 2009 年信立怡高在山东加速发展项目，世联对其快速发展布局的空间、风险怎么看？

陈劲松董事长：世联支持信立怡高既有的策略，支持其在山东的布局，两小时交通圈能较快得到大本营的支持，降低成长的偶然性、风险性，如世联在珠三角的布局。布局之后要提高产量，分公司年收入超 3 000 万元就能进入自我造血的良性状态。

Q2. 基于信立怡高在山东的布局，如何能在平台的基础上增强外派人员抵御诱惑的能力，增强团队的凝聚力，避免人才流失？

陈劲松董事长：人才流失很正常，要加强文化的认同，不断沟通，倡导“公平、透明、尊重、共享”，实行中、短、长相结合的激励机制，尤其是加强对目标的考核，另外给予及时的资源支持，资源、技术与总部挂钩。

Q3. 周总作为总经理平时主要做什么？

周晓华 CEO：以前客户工作比较多，近两年主要从经营上配合公司上市，上市后侧重于体制性增长、组织成长以及未来新业务的发展。

Q4. 世联作为上市公司已经有了完善的财务制度，是直接拿到信立怡高执行还是有一段缓冲时间？

陈劲松董事长：制度的统一是未来必定要实现的，为此，我们准备了三年的时间来过渡，最终一定是上市公司的统一要求。

Q5. 信立怡高和世联合作的消息一旦公布肯定会引发客户对服务期望值的增加，如何在短期内应对？合作后薪酬待遇会有怎样的变化？

陈劲松董事长：任何合作不会使服务水平短期内快速提高，要打破客户过于美好的预期，希望我们双方能以书面的形式对未来、对客户有个交代。世联的薪酬理念是“对外具有竞争性、对内具有公平性”，由信立怡高提出薪酬体系，因地制宜，在结构化、机制统一的基础上平衡，而不是刚性地叠加。

Q6. 世联在未来进行合作中对信立怡高的要求是什么？

陈劲松董事长：要有明晰的发展规划、投入计划，要有发展的态势。世联全力支持信立怡高完成目标。

Q7. 在全面融合之前的三年里，以什么品牌面对市场？

陈劲松董事长：品牌独立也好统一也好不是问题，有利于公司发展是唯一的准则。

Q8. 如何让基层员工在合作中有归属感、快速进步？

陈劲松董事长：通过分享系统机制、组织培训、共同协作将世联的优势传递给信立怡高，打造“山东市场的绝对领先”。

Q9. 合作是否包括人力资源的互动？

陈劲松董事长：合作的最初世联会应怡高团队的要求做事情，使怡高少走弯路、降低试错成本，更多的是传输机制、完善组织成长的平台，“应邀评审而不是应邀干活”。

Q10. 信立怡高深耕齐鲁八年，对市场和客户都比较清晰，世联对我们的定位是省域公司还是更大区域？我们能共享世联的平台吗？

陈劲松董事长：一开始不要太分散，否则在资源、人力、管理上都会有较大压力。信立怡高已经具备了在山东迅速领先的能力，但达到千人以上才能适应跨区域扩展。未来会以现有的团队为基础进行跨区域发展建设。平台系统是逐步共享的。

Q11. 陈董事长如何看待地产业进入寡头时代？哪些企业能称得上世联的对手？为了实现小组（Group）到团队（Team）的转变，信立怡高在管理上有哪些需要提升的？仅是软件支持足以实现这个转变吗？

陈劲松董事长：2005 年以后，国内 100 亿以上的开发商越来越多，其前十名占的份额越来越大，集中度提高（百亿以上的开发商从 2004 年的两家增加到 2009 年的 27 家，其在百强中所占的份额也由 4% 提高到 75%）。代理行业集中度也相应提高，目前排名前四的企业份额占到了 14%，进入了规模化竞争阶段。希望信立怡高以后的发展借鉴家电行业里的苏宁，上规模的同时也要注意后台系统的同步提高。不能像三联一样过于精细，也不要像国美一样过于粗放。

世联会在保证大方向的前提下给予信立怡高后台、技术、人员的全面支持。

Q12. 信立怡高靠服务质量、口碑获得了可观的收入，如何保证后续的新项目、新客户的增加？

陈劲松董事长：必须要上 CRM（客户关系管理）系统，实现客户管理的专业化、标准化，制定针对每个层级客户的接待、交流标准。

Q13. 如何解决没有人做后台的问题？

陈劲松董事长：提高工资、形成后台沉淀的习惯、增加后台的培训职能。

Q14. 如何解决人才成长的瓶颈？异地调动如何协调？外派服务如何保证质量？

陈劲松董事长：在调动问题上，首先要调出单位的领导与调入单位的领导在目标上保持一致，一旦实施调动，不服从者，开除；调动后采取相应的激励措施，如加薪、调级别。

保障外派服务的质量，要有专人来管理、有统一的标准，并要坚持标准。检查服务质量不是看表面，更要看客户满意度、员工满意度。

Q15. 合作之后，世联是否会对信立怡高现有的架构进行梳理？

陈劲松董事长：世联会向信立怡高全面展示自己的架构，看信立怡高自己是否有调整的想法，绝不会强加，是在高度共识的基础上再进行调整。最后肯定会走上规范的矩阵式管理。

Q16. 世联的企业文化是什么？

陈劲松董事长：世联的价值观是因团队而强大；因做足功课而专业；因郑重承诺而有信誉；因发掘物业价值、节约交易费用而立足地产咨询业。

最后，陈劲松董事长总结发言：随着中国城市化进程的发展，未来20年全都是地产服务业的市场，如能坚持可扩展性、可持续性发展，出现市值超过大型开发商的上市房地产服务企业只是时间问题。希望我们用未来牵引大家，共同见证地产服务业爆发式的增长！

第四节

探寻服务业双赢合作的秘密

1. 解决思想问题在前

世联成功并购信立怡高的案例说明了这样一个事实：和其他类型的企业并购不同，在房地产服务这种智力型轻公司的合并中，思想的整合在前不在后。具体来说就是，要把整合思想放在前面，而不是并购之后再谈整合，如果待到并购之后再去考虑整合思想的事情，已经来不及了，人心早已散了，再想重新收拢基本上不可能了。

因此，这类企业如果想合并，首先就应该统一思想。思想统一了，后面的事情就会很顺利；如果思想统一不了，说明其中还有问题，不要急于求成。其次，在合并时还要辩证地看待资产负债表，一般来说，表外的资产比表内的更重要，表内资产其实起不到决定性的作用。

在轻企业并购时，很多中国企业都说人力资源是最重要的，应该坚持以人为本等等。而且，大多数的中国企业也都说自己是在以人为本，没有人会说自己不以人为本。但是，事实却是真正以人为本对待人力资源的企业少之又少。

这是为什么呢？因为这个行业的并购大潮还没有开始，市场信息不透明，企业不知道应该怎样评估自己的价值，也不知道自己的价值何在，更不知道共同的理念是企业并购的基础。陈劲松曾经讲过这样一个有趣的例子，可以说明这个问题。

有一些大的房地产代理公司是怎么谈区域公司的并购呢？说起来也很有意思。大公司的代表上来就问：你说你们公司值多少钱？

一般来讲，一旦被问到这话，要被并购的小公司老板都会发懵，尤其是面对那些上市后有钱的大公司时，看着对方意气风发的样子，小老板们往往会说：我们的营业额也有一两千万了，我们应该也值多少多少钱。

这时候，这些大公司的老板会将手一挥，对着小老板说："行了，你的营业额就是你的公司能出售的价钱，你可以琢磨琢磨，如果实在是想不清楚，就先到边上去想想，我接下来还要跟另外一家公司谈收购的事情。"

大老板这样一说，小老板就着急了，往往是心一软，就将公司出售了。小老板知道，我今年的营业额是 1 500 万，但是明年可就不一定了，只好先把公司卖了将钱落袋为安。

很多大的代理企业洽谈收购的时候就用这一招，经常奏效。资本也有代理人，对投资也是需要负责的。从这个角度说，收购方这样说也是可以理解的。但陈劲松不认为这样的收购有实际意义。他曾对笔者详细解释说："我们不应该用这样简单粗暴的方式去并购。我们考虑的是，双方在三年内怎么样逐步取得双赢的发展，下一步怎么干，系统怎么逐步导入，我们的体系怎么运作，我们是要让双方的员工成长的，要让大家一起分享我们的全国视野。"

正因为有这样的想法，世联上市后，投入了 1 亿多元建设管理平台、培训平台等等。这样一来，并购后的各个地方公司，就能马上分享使用这些宝贵的资源。以前，很多小公司由于资本不足，能省的钱就省，能不投资的就不投资；或者有些小公司虽然有所投资，但实力有限，一旦细分到具体的各个环节后，投资的效果也就摊薄无用了。

上市以后，世联就及时利用资本的力量把平台放大，希望把行业内想长远做事的这类队伍，都团结到这个平台上来。世联相信，有共同信念作为基础，企业合并后的发展就会如虎添翼，迅速扩大市场份额。

所以在合并的开始阶段，不要怕进展慢，而要先找对双方的“企业文化基因”，唯有如此，才能把共同的价值观做大。陈劲松认为，世联地产竖起的大旗是一种价值观的“大旗”。有了这杆“大旗”，世联就能够更便捷地整合全国的专业资源、投资资源、品牌资源，以及更多的信息资源，在地区落地，提升为客户服务的质量，这是对国内房地产代理市场的重大推进。

2. 创业之路经验谈

陈劲松就自己的创业发展之路，谈了切身的体会，他认为企业家的创业之路，其实有几个观点可供借鉴。

第一点，就是对自己企业的理解要足够清晰。如果打算在业内做一家能够健康发展的企业，就要注意这么几个关系：

一是短期与长期的关系。就是不做短期市场而要做长期市场。

二是项目与市场的关系。就是说企业应该是在做市场，而不仅仅是做一个项目。

三是要弄清投机和投资的关系。企业不应该站在投机的角度去钻营，而要站在投资的角度去经营。不管是人际关系还是合作联系，都是一种投资的关系。这种投资是多方位的，不单单是钱的概念。

四是得和失的关系。其实世联代理的项目有的并没有取得成功，但失败了他们就会承认，这时他们获得的收益就是一种信任。例如，世联在做一个项目时，发现自己没有达到开发商的预期目标，该承担的责任自己承担，既不会推诿也没有去责怪别人。这种光明磊落的行为反而能获得一种朋友式的原谅，甚至尊重。所以，在企业经营中，企业家要学会处理得和失的关系，要知道企业处理的其实不是眼前的一点利益，而是一种信任，一种承担——一种责任的承担。

第二点，就是用为行业打造价值的态度来面对客户。这里面，需要处理两个观念。

一是做正确的事，同时要求客户也做正确的事，降低纠错成本或者减少纠错代价。拿世联来说，从事的这个行业不像其他行业，一旦错了代价就会很大，不仅仅是几千万元甚至上亿的损失。所以，世联会要求客户首先有一个正确的流程、正确的方式，以降低纠错的成本。

二是给自己提出相应的标准。客户的问题就是自己的问题，世联一直以这个标准来看待自己和客户的差距，观察他们有哪些问题不能解决，然后想尽办法去整合各种优质资源为客户解决困难。这其实体现了真正用心对待客户的态度。

同心协力为客户解决困难

第三点，是用为社会负责任的态度面对项目。例如，世联人从事的行业是靠专业来提升自身尊严的，是一件“啃骨头”的工作。所以，世联人在做项目的时候，一直抱着为城市负责、为发展负责、为关联方负责的态度去工作。同时，房地产项目都具有城市意义，会牵动社会的敏感神经，所以，每一个项目世联都要做好，这样才能够为社会带来收益，如果做得不好就会给社会带来负担。这个行业的政治性太强了，如果搞了一个烂的东西，牵动了大家的注意力，就要为城市负责、为发展负责、为关联方负责。有了这样的观点，世联人面对每个项目的时候都会心中无愧。

第四点，就是打造有实力和信用的团队。如果一家服务型企业没有实力，它的企业品牌就建立不起来，这个企业就会没有信用。因为企业品牌不是靠乞求得来的，而是建立在有对等实力之基础上的。对等是要保护企业在一个安全的平台上为别人服务，而不是在一个不平等的平台上为别人服务。世联上市也是为了打造一个有实力、有信用的平台，与客户在一个安全的环境中对接，减少一些社会不规范行为。这个是世联人在创业过程、设计过程中一直坚持下来的。

3. 统一股东认识

世联和信立怡高的合并，在股东层面主要有三个方面的问题需要面对：一是企业价值的评价问题；二是股东与新公司的关系问题；三是企业自主发展上升的瓶颈问题。

第一个问题，其实也是如何评价企业价值大小的问题。

在实际合并过程中，这其实是股东所关注的企业的价值，就是在未来企业能创造什么？企业的起点是什么？

对于这个问题，陈劲松觉得是一个尊重的问题。他认为：

我们所表现出来的价值，首先是企业所创造出来的收益在你团队的背景下，在市场上客户影响力背景下，我们创造的一个价值。这个价值要靠未来的指标说话，所以，这个价值的评价一定是着眼于未来、着眼于我们未来几年的承诺。实现了这个承诺以后，我们的企业价值才会合理地放大。这个价值不是指单一的某一项业务，也不是指单一的某一个团队，它是综合的，有客户的检验，有应变市场变化的检验，有企业管理的检验，有我们自己的人才不断成长的检验……所有这些检验组成了对企业价值的评价。

第二个问题，就是说合作以后的公司，特别是上市公司，和原来的股东的关系。

陈劲松认为：

上市公司的股东是以股票作为身份凭证的，如果有这个公司的股票，职业经理人才和这个公司有关系。因为这样的话，首先我是股东，公司拥有我的成长股票，我的业绩收益跟股票的收益挂钩，我觉得这一点是一个回归。……同时，我们又是职业经理人，这个关系是相对健康的，是相对分离的，使经营者和所有者之间的关系更加清晰。过去我们的两者都模糊，又是经营者又是所有者，这个关系说不清楚，这绝对是影响这个公司健康成长的。我觉得走到这个程度，所有者的关系、投资人的关系是一个方面，还有一方面就是我们的职业经理人关系更加明确化。

第三个问题，是企业自主上升发展的瓶颈问题。

在陈劲松看来，当股东面临问题的时候，对原来股东企业的自主上升发展是有瓶颈的，这个瓶颈靠其自身的力量很难突破。如果不能及时突破，企业就会丧失时机、丧失系统，而且永远跟在市场的后面。这在未来的发展中可能会面临矛盾，陈劲松认为世联走的是一条相对健康的捷径。至于股东和员工的问题，陈劲松认为这是员工对企业、企业品牌忠诚和热爱的问题。

4. 整合分公司

信立怡高的子公司领导人都持有子公司的一部分股份，和世联合并后，这种情况就不能继续存在了。如何和这些已经成为老板的下属交流，让其重新成为一名打工者，是一件颇费脑筋的事情。

乐智强董事长在谈到这个问题时，介绍说：

我们的子公司，大家是名义上的股东，或者是实际上的股东，就是自己过去是当老板的身份，变成又是打工者身份，这个过程对不成熟的人来讲是一个打击。给股份的时候稀里糊涂，业务拓展后却被剥夺了。股份被取代后这个感觉是非常难受的。开了几次会，最后，慢慢他们能够接受这个现实了，而且还是真的放下了，这个过程是不容易的。

为此，乐智强董事长等人召开了 7 次骨干会议，解决员工思想的问题和情感的问题。分公司的变化，影响到信立怡高各部门的人事变动。解决完分公司股份的问题后，乐智强董事长等人又与总部及各个分公司的七八十名策划和销售主力面对面交流，倾听大家的想法。

这些骨干们提的问题不一样。有的想快点合并，能手把手地学习；有的不明白为什么自己被取代；还有人想和世联的标准 PK 一下，看自己处于什么位置。

乐智强董事长认为：

其实，很多矛盾和问题，我认为要有针对性地去解决，不能搞一刀切，应该逐步地适应，逐步地调整，可以分不同的情况，分不同的需求，有不断的渐进过程。所以，我觉得合作到这一步，一般员工、骨干包括技术员工对这一块基本上都是支持的，再加上“伯乐”世联的快速扶持，会发展很快。我们在会上做了宣讲，在新人还没有进来之前先解决老员工的问题，就他们的要求、他们的发展方向、他们的预期等问题与他们进行交流，所有这些事情解决了，由行政部发表，让员工填表，表填完以后再看看有没有人员的大变动。机会先给在公司里面的人，不管是什么职位，先让大家看看。变动还没有开始，就有一些已经确定要走的员工改变主意，不去新项目回来参加竞聘了。走到目前这个阶段，我觉得企业是在良性发展着！

5. 坚定骨干员工

在世联和信立怡高的合并过程中，不少怡高骨干员工对于合作有着种种不解，归纳起来，主要有对品牌的忠诚度问题、对企业文化的认同问题、对不确定的未来感到茫然的问题、担心取代又渴望学习知识的矛盾等问题，这四大问题如果不能得到圆满的解决，对于日后工作的开展十分不利。

对此，陈劲松和乐智强董事长等人一起，对这些问题进行条分缕析，解开骨干员工们心中的思想“疙瘩”。

在合作中，许多骨干员工最敏感的问题，就是对品牌忠诚度的问题。对此，乐智强董事长认为，合作以后品牌应该不会受到影响。品牌里面的确含有人的情感因素，所以，员工的这种情感应该受到尊重。双方合作的目的是什么？是为了让价值观放大，具有相同理解的品牌，只要市场能够接受，就可以进一步保留。企业的品牌，世联也好、信立怡高也好，这两者未来是要合二为一的，而不是分离的。也就是说，信立怡高朴素的文化加上世联提升的文化，两者未来可能会融合在一起。可能刚开始有一定的区分，最后世联和信立怡高就没有什么区别了。

骨干员工们担心的第二大问题，就是对信立怡高文化的认同感是否会消失。

乐智强董事长认为，员工之所以有这个担心，也是担心信立怡高人原来认同的文化会不会被冲淡乃至消失。这个问题是有前提的，就是信立怡高文化中优秀的东西会保留下来，而且会补充到世联文化中。其实，世联和信立怡高两者的优秀文化是有交集的，只是表述方式不同而已。如果世联能升格的话，就是世联的文化涵盖或者包含了信立怡高的文化。这样它才能实现认同的不变、信念的不变，这样这个企业才能成功。但如果这个优秀文化被分解了或者被异化了，可能会带来情感的伤害，特别是山东文化对情感的追求是非常重要的，这既是压力也是动力。

第三大问题，就是如何处理合作后骨干员工们对未来的疑虑问题。

其实，对于未来能走多远，还能不能有上升的空间，会不会被取代等这些骨干们关心的问题，陈劲松等人认为，随着以后文化和机制的合作，这些疑虑都是可以打消的。这是因为世联的文化，就是鼓励员工积极向上，让更多的立足于这个行业的人参与进来、找到更好的发展空间。也就是说，只要是力求上进的员工，在信立怡高里会得到更广阔的发展空间。

最后，在一些骨干员工心中，存在着既担心被取代又渴望学习知识的矛盾。陈劲松认为，这不单单是信立怡高遇到的问题，也是世联遇到的问题。解决的办法是，可以把员工的成长看成一个由成长机制、学习机制、未来的激励机制三者结合的发展道路。在这些机制的共同作用下，不但信立怡高的员工会得到良好的对待，世联的员工也会得到同样的对待，这样新公司才会发展得更好。

6. 规划出来的“双赢”之路

实际上，在诸多的房地产代理公司中，能够为自己的未来打算、制定细致可行的战略方案的并不多。大多数代理公司与其说是对这些事情想不明白，不如说是不敢想。这是因为房地产代理行业的进入门槛很低，财富积累也有限，而这种公司的发展又需要长期持续的投入，包括资本的投入、骨干员工的长期培养等等。故业内人常以这样一句话形容代理工作的辛苦：你要能吃苦，你不仅要勤快，还要学习，你的脑子还不能放松。而持续不断地学习，也会让人始终处在积极上进而且头脑清醒的良好状态中。

代理业中，很多老板都不太敢去想自己企业未来的事情。他们认为，想也想不清楚，想了也没什么用，这种无序混沌的日子不知猴年马月才能到头。于是，不少老板都想通过中介服务业完成资本的原始积累，然后转行做些轻松的事情。

但是，世联和信立怡高这两家都不想转行的优秀代理公司，坦诚相见后都将自己的企业秘密展示给了对方。之后，世联又支持信立怡高制定三年发展规划，在这样的“折腾”中，逼着他们开始系统地思考未来。思考中，发现未来需要做的事情有很多，老板需要规划自己的事业，股东需要规划发展之路，还要为员工的将来筹划等等。

这个规划制定出来后，双方合作的必要性更加明朗。这时，对于双方来说，已经不是一个股东一年会赚多少钱的问题，而是要在这个行业中长期持续地发展，到底需要哪些最基本的条件，而且这些条件怎么获得，企业要站在什么样的平台上去看自己的发展空间的问题。站在自己原有的平台上发展是什么样的前景，站在世联的平台上、利用世联品牌效应的价值去发展又会是什么样的前景，两者对比，明白“合则两利”的信立怡高团队自然更倾向于选择“双赢”的发展道路。

世联和信立怡高合并后，后者成为控股子公司，融合的第一步就是财务。这也是上市公司的规范要求之一。在双方三年的“磨合期”内，企业组织架构、业务合作等都可以慢慢来，唯有财务必须在规定的时间内、按照审计报表的要求完成合并。

很多人都有这样的疑问，就是世联现在是收购了信立怡高51%的股份，经过三年后，会不会将其剩余的股份也收购下来，使其成为下属的全资子公司呢？

这些问题，双方在合作前就已经有了腹稿了，之所以在这次收购中没有涉及这些事情，就是将其留作一个“活结”，为双方都留下了可供回旋的空间。从世联的角度看，当然希望在将来的某一天能将信立怡高全部纳入自己的整体服务平台下。但是，这是世联的第一次并购行动，出于谨慎稳妥以及考虑到对方的感受，双方都同意将此暂时搁置，经过今后三年的合作探索，再作定夺。

在很多企业里，股权都是激励核心团队奋进的一大利器，当企业被全资收购后，失去了原有股份的团队，面临着要么转变为职业经理人，要么离开自己奋斗多年的企业另做打算的选择。而在智力服务型轻公司中，最重要的资源就是企业中的人才，尤其是骨干团队。假若世联全资收购信立怡高后，它会采取什么样的措施保证信立怡高原有团队的凝聚力和向心力呢？这是一个令人十分感兴趣的话题。

世联高层对此有着更深一层的理解：企业中团队成员工作的目的和动力，其实并不单单是为了股权和分红，更多地取决于大家的理念是否能达成一致，在合作中能否实现自己的价值。因此，从更广阔的视角去看企业的发展，它还有多种手段能有效地鼓舞人心。只要有合理的条件，原有的创始人也可以转变为职业经理人，就像世联现有的经理人群体一样全心全意地投入工作。

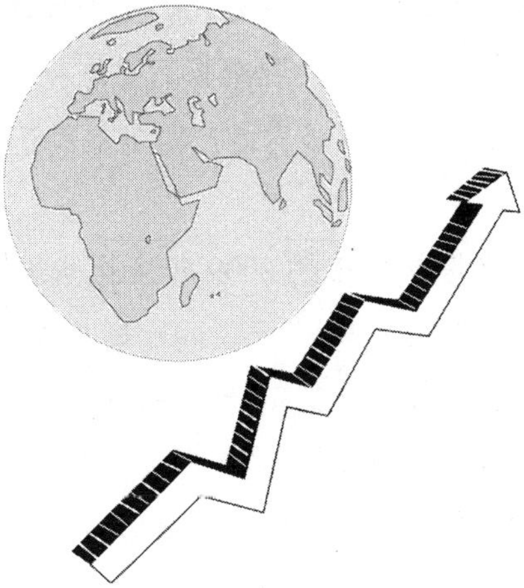

第五章 精耕市场 拓宽领域

“你可以抵抗敌人军队的入侵，但是你没有办法抗拒顺应时代需求而产生的观念。”

——法国思想巨人维克多·雨果

2009年，世界各国普遍遭受到了金融风暴的洗礼。中国经济也受到极大影响，但全民上下齐心协力、共克时艰，不久即浴火重生，在国际经济一片颓势中展现出勃勃生机，再次成为世界经济前进的引擎。

作为国民经济重要支柱的房地产业，在这一年里经历了“过山车”般的巨大悲喜冲击。这一年，房地产代理业的行业价值也得到了越来越多的确认。危难之际，房地产代理业不弃不离、挺身而出，为房地产业发掘价值、提供增值，以自己的专业智慧协助行业力挽狂澜，共渡难关。随着经济形势的好转，代理业迎来了又一个蓬勃发展的春天，以世联为代表的房地产代理商们不但得到了广泛的赞誉，还抓住了新的发展机遇，使事业更上一层楼。

2009 年 8 月 27 日，世联地产成功上市，它以卓越的专业服务水平和一流的信誉口碑，成为资本市场上的宠儿。实力大增的世联，在完成全国三大重点区域布局后，开始大展拳脚，立志将“成为中国领先的房地产综合服务提供商，向世界级房地产服务品牌迈进”的豪情壮志变为现实。

2010 年 3 月，世联地产最新发布的 2009 年度报告显示：2009 年全年，世联地产实现营业总收入 7.38 亿元，同比增长 44.41%；归属于上市公司股东的净利润为 1.51 亿元，同比增长 127.27%；基本每股收益为 1.41 元，同比增长 104.35%。净利润的增长幅度远远大于营业收入的增长幅度，符合世联地产所追求的有价值的效益增长目标，并能继续巩固其一直领先的市场地位。

趁着成功上市的东风，世联加快了开疆拓土的速度，其中与信立怡高的结盟正是其迈出的关键一步——从此以后，世联的发展模式有了新的转变：由以往的自己进入新市场、逐渐占据上风，转变为利用自身优势与区域性同业优质公司合作，快速占领重要地方市场，以应对大量资本介入给未来房地产代理业带来的大变局！

第一节

上市，世联的新起点

1. 上市，世联成长的必经之路

世联的发展势头一直以来都很好，盈利也很丰厚，上市前其品牌价值已经达到了16亿元之巨，为什么还要一心谋求上市呢？当世联打算上市的消息披露出去以后，公司内外一片不解，即使在成功上市后，还是有许多人不理解。

世联地产上市当天高管合照

其实，世联上市募集资金主要就是两个用途，一个是支持分公司的建设、网络的铺设；另一个就是提供强大的后台支持。对于分公司的建设，人们都容易理解，而对于后者——后台支持，很多人并不重视。

世联进入三大业务区域的时间不一样，进入后的业务量也各不相同，市场的成熟程度也不一样。面对这种情况，世联的策略是先成立一个区域管理平台。例如华东，建设长三角地区以上海为主的管理平台，东北、华北则是建设以北京为主的管理平台。有了这样一个平台后，世联可以在区域内灵活地调动人员，更利于以区域平台为中心向周边地区扩张。

以往，世联每进入一个新的市场，会以咨询顾问为先导介入，然后再大兵团作战，即落地跟进代理业务，这样能够使世联的区域公司在短期内达到盈亏平衡。

但是，随着公司规模的扩大，世联原有的平台已经跟不上公司的发展了。在以前，一个区域性的公司是不需要平台的，几个人就把工作全安排好了。而世联做大后，就需要一个先进的平台作为支撑了。具体来说，这个平台的作用，就是让团队的经验积淀下来，能对不同的专业进行科学的分工，以流水线的方式进行管理控制，并能统一具体的业务标准，迅速地批量复制人才。

对于中国的房地产服务业来说，想做到批量复制人才很难，而世联对此的解决方案就是分专业、有标准、有流程，把培养人才的经验都沉淀在流程上。这样的培训就简单了，对世联进一步做大做强非常有帮助。

后来，陈劲松曾专门写了一篇文章《世联为什么要上市——与世联同事谈上市》，阐述了自己的想法。

我们中国服务业最根本的问题，总结下来有几点：

首先是品牌问题。实际上原来中国服务业有那么多辉煌的品牌，后来要么是貌似强大，实则式微；要么轰然倒塌。这种情况特别多。

这就意味着我们服务业的品牌没有进步，没有紧跟时代，没有满足消费者的需求。它们不前进，仅维持表面原有的品牌覆盖率、认知度。人们对品牌的印象也没有前进，以至于当有一个更为强势的外资品牌进入这一领域后，中国的消费者也好、主流客户也好，都最终被抢占。

……

这是一个品牌与时俱进的问题，中国服务业在这方面很糟糕。

所以，世联本身的品牌需要强大起来，需要与时俱进。在服务业，品牌就意味着信任，意味着客户的保有率，意味着市场份额的扩大。中国服务业包括世联，如果现在不意识到这个问题，我们未来就更有问题。上市本身是对我们品牌提升的重要一步。

我个人认为，世联这个品牌既然花了17年的心血，我们就不能让它随着一代人的退休而转瞬即逝。怎么办?

首先就是要给品牌搭一个平台，与客户建立起最起码的信任。上市后我们就要更加珍视自己的品牌，要把品牌建设提高到前所未有的高度，要进入我们的系统规划。

第二，服务业做不大、做不强，在品牌背后还有什么因素呢? 背后的支撑就是系统平台。

第三，中国的服务业最大的问题就是不能离开据点城市，一离开据点城市质量就保不住。也就是说，我们的服务质量是靠人盯着，所以中国服务业中大量存在的是夫妻店，只要是连锁经营、跨区域发展，服务质量就跟不上。服务业这样的例子太多，我们不能视而不见。

服务标准不统一意味着我们对质量监管、监控是不统一的，因为我们对这方面的投入不够。我们要加大后台投入，加大我们的网络建设，加大品牌建设，所以我们要上市。目前跨区域、跨国界经营的国际同行也大多是上市公司。上市是一个起点，是一个再出发的平台。从这个平台出发，我们才能够敢于投入，在监管下科学合理地投入。

中国房地产市场必将成为全世界最大的房地产市场，中国的服务业要发展成为所谓现代服务业，我们就必须运用一些现代手段，建立起符合时代需求的现代品牌。这些就是我思考世联上市的根本原因。

正是凭借着优秀的经营模式、良好的盈利能力以及光明的市场前景，上市不久，世联即荣获了“2008－2009年度中国新上市公司50强”的称号。这个榜单是由《创业家》杂志社与和君咨询公司联合打造的国内第一个针对中国新上市非国有公司成长性的榜单，这代表了一部分市场观察者对产业和资本市场的新趋势的深度跟踪判断，也代表了他们对世联地产的肯定。

2. 在规范经营中健康快速成长

谈到上市的前前后后，世联的高层与其他上市公司的高管们有着极为相近的感慨：上市的过程可真不容易！

IPO募股上市，首先是一个让企业自身走向规范化的过程。在上市前，因为特殊的中国国情，许多企业大都存在这样那样的管理软肋以及不规范的运作行为，日积月累，渐渐成为管理者习以为常的习惯了。但是，一旦要上市，就要按照规范的现代企业管理制度对自己的公司进行改造，这往往是令企业的创始人和管理者备感棘手的事情——已经存在了那么多年仍“行之有效”的土办法说改就要改，而且还要改得尽可能彻底，知易行难哪！

尤其是对于世联这样的智力型服务轻公司来说，即使日常运营再规范，也免不了出现一些不合“上市规矩”的习惯性做法。但是从世联高层的角度去看，他们反而很积极地拥抱变化，很欢迎这种规范化的“改造”。这和他们长期以来坚持的发展理念息息相关。从世联成立至今，它的创始人和管理者们一直在追求规范化的运作。在他们眼里，“上市是推动了规范化的进程，把你本来想做的事情，有的还做得不够好、做得不够到位的，通过上市逼着你把它做到位、做好，这个过程是世联自身的提升过程”。

这个强制规范的过程从2006年底就开始了。那时很多世联高层都认为，相比于同类企业，自己很多方面已经做得很到位了。但是后来他们痛苦地发现，如果真的要达到上市标准，还要做得更加严谨。其中，公司的财务管理就是一个很有代表性的例子。

世联的董事会秘书梁兴安举例说：

在过去，代理合同做完了，该结算款项的时候我们给客户一个结算单，客户说什么时候给你付款就可以了。而通过上市，审计的基础是你必须在确定的时间给客户发出这个结算单，而且在程序上必须是客户盖章和确认，拿回来后，你才可以开具发票，这是财务入账的一个重要基础。

以前，给客户发去结算单后，可能客户认同后没有盖章，世联也会开出发票确认收入。那时，公司在这方面只重视结果不重视过程，只要最后款项到了公司账上就行了。但要想上市，这样的做法就行不通了，而需要进行财务节点控制。具体来说，就是给客户发出结算单后，需要客户把盖章的结算单返回来才能出具发票。而发票一旦开出就成了应收款，就要在一定的时间内将应收款回收过来。开发票后多久收回款，在财务上是有记录的，而且公司累计起来发票开了多少钱没有收回账，这个数额会反映一家公司在财务管理上的及时性和有效性，也能够反映出公司对客户的服务质量。很多非上市公司在财务这一块的规定并不严格，随意性比较大；而上市后，则要求公司在财务管理上必须始终保持良好的状态。

同样道理，经过数年上市筹备工作的磨砺，世联在合同的管理等许多方面，都向更加规范化迈进了一大步。在世联人眼里，能否实现超越自我、规范运作，一个关键性的因素就是意识问题——即企业的领导者是否想将企业做得更加规范。如果答案是肯定的，那么有这样的出发点，他们就会认为那些规范要求很合理，也愿意接受。这种外部的要求就会转化成领导者对企业的内在要求，并转化为公司上下一致的行动，而不会出现抵触情绪。因此，抱着这样一个正确的意识去做事，企业管理改革就能够做到位。

上市之后，面对更为规范化的世联，管理层认为自己的激情被点燃了，不想也不敢懈怠了。在他们的意识里，现在的自己不仅要对董事会负责，还要对股东大会以及所有的投资人负责，作为知名公众公司的领导层，他们感到自己肩上的责任更重了。

而且上市以后，资本市场给世联提供了一个更好的平台。企业知名度更高了，对人才的吸引力也更强了。世联高层对完成自己近期的目标也更有信心了：在短期内，力争主营业务在三大区域均做到领先。

根据世联自己内部的分类，他们将陈劲松、佟捷等已经是董事会主要成员的公司当年的创始人称为第一代创业者，公司的日常管理者为第二代创业者，目前的世联正在由第二代创业者向第三代创业者过渡。“创业者”这种说法，体现了世联人的发展观，他们认为世联17年的历史就是一个不断创业的历程，是一个经过“平台”系统快速提供人才、提供新生力量的过程，每一个参与者都是“创业者”。

充足的人才团队，为这个人力资源密集型企业的扩张提供了良好的保障。另外，世联拥有独一无二的扩张法宝——世联在成功建设分公司方面有着得天独厚的优势，其成就连竞争对手都为之赞叹不已。据了解，2010年在世联的分公司中，有八家以上的营业规模将达到5 000万元以上，其中有三四家的营业规模将超过1亿元。雄厚的实力证明了世联扎根区域做分公司的能力，也证明了世联依托分公司占领区域市场制高点的行动的可行性。

在扎根区域做分公司时，世联和其他知名代理公司有一个最大的不同，就是世联是跟着市场走。无论是一线的大客户还是本地开发商，都对世联的服务能力交口称赞。而竞争对手大多采用跟着大客户走的策略开发区域市场，这就限制了他们的市场渗透能力，以及面对不同客户的适应能力。

很少有人知道，世联的这种成就是在“平台”能力尚未完全发挥、各地分公司各自为战的情况下取得的。以往，世联进入一个新的区域，采取的是派遣一位经验丰富的总经理过去重组人马开拓市场的方法。这并没有将世联的优势完全发挥出来。后来，在上市的要求下，世联集团运营更加规范合理，原有的区域间分隔被打破，资源共享体系真正打通，进入区域的模式也改为“空降”一个团队，立即就能发挥战斗力，使“世联因团队而强大”这句口号得到真正的体现。

数年前，在世联开拓珠三角经济圈的时候，公司里流传着这样一句话：“深圳很小，珠三角很大；珠三角很小，全国很大。”大家正是在这样充满激情的理念激励下，走出深圳，走进珠三角，又从珠三角走向全国。如今，世联各地分公司的负责人都经历过深圳和珠三角房地产代理市场的锻炼，他们担当重任的同时也将世联规范经营、科学管理和专业服务的“灵魂”带到了各区域市场。这些分公司的健康成长给世联培养了更多的优秀人才，也给了大家更充足的信心。

3. 乙方的心态也可以更积极

曾有记者在采访世联董事长陈劲松时问道：“就您个人来讲，世联那么多年的风风雨雨都在里面，有没有哪段时间您个人觉得，或者说厌倦了，或者有点累了，上市后会不会想松一口气呢?”

作为长期从事咨询等服务的乙方，陈劲松深知心态对工作的重要性，他谈到自己的体会时说：

> 从事服务行业的人有一个特质，就是一直在做乙方，在心态上要适应这种状态。在服务行业，你要能接受客户的挑剔，接受客户的选择，同时你也会面临同行采用各种不正规手段的竞争。所以，你经常要对自己进行心理上的调适。做这个行业如果没有坚定的信念和毅力，人是很容易消沉的，容易放弃和懈怠。

从事这个行业不久，陈劲松就面临过行业美誉度低、外界诱惑过多等问题。当时的社会背景是中国经济高速增长，国内市场迅速发展，出现了很多有诱惑力的新行业和机会。

房地产代理业刚刚起步，陈劲松经常会遇到令自己感到苦闷的事情，而外界其他行业的吸引力摆在那里，这对他是一个很现实的考验。

在陈劲松看来，面临这种影响的时候，就是自己如何去看这些机会、如何看行业未来、如何看自己的定位和信念、看自己能做什么选择的时候。面对市场、面对员工，陈劲松每天都要面临很多的选择。

步入良性运营轨道的世联，始终有一群和陈劲松一样善于从自己的成就中自我鼓励、善于从环境中汲取健康向上的力量并将其作为前行的动力的年轻人。他们正是在这种力量的支撑下，用了17年的时间将世联从一家小公司发展成为业内标杆企业的。

回望世联的企业故事，世联的发展方向一直都把握得很准，公司发展战略也很成功。但那个时候，包括陈劲松在内的所有人，对这个行业的规划和未来，认识还比较有限。因为房地产行业在那个时候刚刚起步，而中介行业更是在蹒跚学步中。他们只觉得这是一个方向，但对它的未来能发展到多大、能走多远，在整个经济生活中能起到多大的作用，了解得都不多。这种情况下，很多人都会退避三舍，而陈劲松等人是如何选择的呢？

他们选择了最"笨"的一种答案：先干着再说，在干的过程中逐渐寻找未来。有付出就有回报，他们的信念、坚守和"呆气"最后成就了辉煌的事业。在工作中，随着视野的逐渐开阔，他们慢慢看清了前方100米的"景象"，接着看清了500米处的"景象"，然后又看到了1 000米外的"风景"。当视野开阔后，陈劲松等人的事业也朝500米、1 000米的方向逼近。距离目标越近他们的信心就越足，信念也就更坚定。

虽然方向正确，前景逐渐明朗，但现实是很残酷的，常常以令人意想不到的方式考验着人的心理承受能力。

当时，陈劲松等人面临的不利局面主要有两个方面。其中之一是身处的行业领域前景不明朗，有时会令从业者感觉平淡；而周围有很多产业都很风光，例如20世纪90年代初，对外贸易方面的生意很火爆，到了90年代下半段，证券业又开始迅速起步，吸纳了一批又一批的优秀人才投身其中。而房地产代理行业始终波澜不惊，没有那么风光，没有什么可圈可点的大事。但是世联人还是认为，房地产代理这个行业很有价值，大家也挺适合做这个工作，而且公司同事之间的合作也很默契，公司每天都在往前发展，相信行业和公司的明天会越来越好。正是这样的信念支撑着世联人一直坚持了下来。

另一个不利的局面，就是恶劣的市场竞争环境。这种不择手段竞争的恶劣环境不是说对手的服务水平有多高，而是说他们的手段极其粗野和没有章法、不守规矩，更让人无奈的是，有些不正当的手段已经成为市场中通行的手段。这种不良的竞争思想和手段，在业内产生了很大的负面影响，一度成为行业中多数人的普遍行为，这对于坚守良知的世联人打击很大：原来有这么多的人在做这些恶劣的事情。他们的行为不但对行业的秩序产生了不良影响，更影响了世联的正常发展。

后来，谈起自己在这一段时间坚守信念的经历，陈劲松详细分析说：

从个人的角度，这一行的从业人员也会面临这样的问题，你是不是可以有其他的选择，你不做这个可以做其他的，比如说你可以去做房地产开发商，也可以去银行、去政府部门工作，或者你可以去证券公司，因为客观上都有很多的机会。我相信，世联的同仁们，一直对自己所从事的工作的价值还是有一个认同和认识的，同时对公司的未来也是有信心的，尽管当初没有想到世联能够走到今天，成为公众公司、成为全国性的公司，但是当时，大家相信我们这样一批有理想，也比较有能力的人，认真投入、齐心协力地去做这样一件事情，一定能够达成相当的目标。因为天道酬勤，冥冥之中我觉得上天不会辜负这样一批人，市场也不会不给这样一批人应有的市场价值、生存空间。创业初期，就是这样一种信念推动着大家一起往前走。

所以总的来讲，面临那些乱花迷眼的诱惑时，世联的高层们稍微定定神、静静心，还是选择了自己该走的路，对于外界的种种干扰，他们有时候甚至会人为地采取一些隔绝的方法。大家慢慢地就达成了一种共识，觉得与自己的主业、目标没有关系的事情，听到也罢、探讨也罢，不仅于事无补，反而会影响自己的定力。于是，世联的创始人们，在心理上设了一些防线，在行为上做了一些区隔——就是这个事我不去掺和，不让它干扰自己的情绪、方向，还是坚定地走自己的路，大概是这么过来的。

信念，还是信念的力量！虽然现实中有这样那样不规范、不如意的事情发生，但是世联人仍然相信：社会在朝好的方向发展，市场的规范化程度会越来越高。当世联人秉持这样的理念认真为客户服务时，会得到客户由衷的赞赏，会看到业绩的提升，还会看到不断有类似信念的人加入到他们的团队中。

在这个坚守信念持续付出的过程中，陈劲松和世联同仁已经有所收获。在他们的努力下，公司的状况一天比一天好，上市后更似锦上添花。“昨天的耕耘已经在今天得到了收获，我们相信今天的努力将会在明天得到更多的回报，今年就可以看到明年的希望”。

而购并信立怡高，标志着世联外延式发展、对全国同行的整合工作开始。这将是打造一个更专业、服务水平更高的体系大业的开始。

4. 经得起考验的团队

和许多新兴企业一样，世联在发展过程中也曾经历过不少的变故。

1998年前后，世联遭遇了一次“拒付回扣”冲击波。公司终于克服了困难，锻炼了团队，业务也得以更上一层楼。

那个时候世联地产的主要业务还是评估。而评估行业当中的潜规则，就是乙方都会给委托评估的甲方中人以回扣。那时，和海外周边的环境接触很多的世联高层意识到，这种给予客户回扣的做法是违法的、不规范的。这种潜规则既影响服务公司的发展，也给财务带来了不安全的隐患。尤其是这种行为会削弱行业的自尊和怀疑自己的专业价值。大家经常会问，为什么优秀的人才，也需要给回扣才能做生意？是不是这个行业对优秀人才的吸引力不够？这个时候世联高管下了决心说，我们要做一些突破，改变一下这种不良的潜规则，我们往规范化的方向推动，去努力突破一下。所以世联通过深圳的行业协会，发起反不正当竞争、反回扣的做法。1999 年，世联推动行业协会，与各家估价机构联合签订了反不正当竞争的自律协议。当时不仅企业决定互相自律不再给回扣了，政府主管部门也下发文件，要求银行系统各家成员不能收受评估的回扣。这是一批同业努力的结果，而世联在其中则是一个重要角色。

但是世联高管很快发现了这个决定带来的巨大压力。第一个月同行都自我约束得挺好，但是第二个月，就有同行在业务压力下，偷偷开始给予回扣。到第三个月，世联地产发现偷偷破戒的公司越来越多，以至于又出现普遍给回扣的现象了。半年时间，很多同行都回到原来的状态，又半公开地通过回扣拉业务了。而这个时候世联面临着一个选择，要么跟着偷偷犯规，回到从前的状态；要么往前走一步，一直坚持下去。世联高管团队也面临着前所未有的压力。业务人员回来不断反馈说生意没法做了，某个地方本来要给世联业务，结果别的公司给了回扣，这单就不给世联做了。这是很现实的问题，而且会造成连锁反应。还有些客户即使把业务给世联做了，但是心理不平衡，会抱怨：人家评估都给回扣，为什么世联就不给？业务我是跟你做了，但是你这样好像也对不起我这个朋友吧？

这类信息天天反馈回来，天天折磨着陈劲松和他的同事们，这种情况出现多了，个别人对世联前景也产生了怀疑。严重者觉得这样做，世联可能支撑不下去。团队也开始分化了，有些人说不给回扣的评估项目我做不下去，我还要吃饭，我干脆到别的地方去吧！

这些情况直接导致世联当年的业务额大幅度下降，比前一年下降了 40% 。而世联高管们也意识到，面对这样大的一个规则的变化，小的调整作用有限，他们必须在业务方向上另想办法，不得不付出更大的努力，调整服务、调整很多经营上的安排，才能够支撑过去。

这种周边环境处处不利的竞争形势，对这个团队来说是非常大的考验。世联的管理层面临着非此即彼的选择：是坚持下去，还是干脆同流合污？多年后，陈劲松回忆这一幕时，还记得当初同仁们最后做出的坚定选择——我们既然迈出了这一步，既然做出了这样的承诺，就是经过深思熟虑的。我们觉得行业当中原有的做法不是长期的，是难以为继的做法，不符合专业守则，在法律上有问题。我们的判断是对的。我们既然做出了这样的选择，就应该勇敢地接受这种选择带来的结果。

为了扭转这种被动局面，陈劲松等人做了很多努力，并不断地进行自我心理调整，也鼓足勇气去探索新的办法。在这个艰难的过程中，世联人仍然坚守着自己的底线并找到了发展路径。2000 年，原本一直不起眼的代理业务取得了质的突破，业务量年年大幅增长，直到今天。

对于当时下降最厉害的估价业务，陈劲松等人也进行了很多新的探索，最后演化成除了服务银行客户外，还新开辟了给政府评估拆迁和可行性研究等新服务项目。这些项目从自身内部产品，到向社会提供服务，然后再到改善服务品质，形成了良好的市场反馈，最终形成了一定的规模。2001 年，世联的估价业务量开始回升，2003 年以后保持了持续增长。

“没有当年坚决不付回扣的选择，就没有今天世联的上市，也就没有明天的战略布局。”陈劲松至今还津津乐道当年不盲从、不随大流的收获。

在那一年多的动荡期，世联的估价人员走掉了一半，剩下的人中也有不少对陈劲松的这种估价业务调整持怀疑态度。随着新鲜血液的加入，陈劲松坚持开展新的估价服务，重新定位、重新调整服务内容，不久就焕发出原有的发展活力。

2000 年，世联的代理业务一直保持着高速增长。这是因为，从 1997 年开始，代理行业就逐渐形成，到 2000 年进入了规模化阶段。这不但强化了世联的市场地位和业务基础，总体实力也大为增强。那一年，世联的代理业务收入大幅度跃升到 5 000 万元以上。

后来，又经过一次人事动荡之后，陈劲松等世联管理层更加思路清晰、义无反顾地将建设平台、减少对个人的依赖定为公司的根本方针，这就是后来江湖有口皆碑的“世联不败平台”的起因。

通过各种大大小小的波折变动，世联的团队经受住了考验，大部分人仍然选择留在这个团队中。形成了新的管理团队后，世联更坚定地按照自己的方向前行，业绩也得到了大幅度提升。此后，历尽磨砺的世联管理团队及其打造的平台，就成为了世联开疆拓土、领先同业的强大武器，也是世联未来继续在房地产服务行业领跑的实力来源。

第二节 世联的专业力量

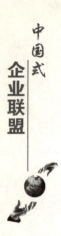

在笔者为写作本书进行采访的过程中，经常听到“专业”这个词语。无论是世联内部员工充满自豪感的总结，还是同行好奇的讨论，抑或是开发商所津津乐道的，经常与世联的专业精神、专业水平有关。本节在展望以世联为代表的房地产服务企业的未来的时候，很有必要介绍一下世联的专业实力。

1. 世联人的房地产项目价值观

一个房地产项目到底有多大价值？其价值由哪些元素构成？衡量的标准又是什么？这在世联内部都有严格的审核标准。每当接手一个新项目时，项目团队都会利用自己的房地产项目价值分析方法，对其进行科学而周密的分析论证。下面，我们来看一下世联的房地产项目价值观的内涵。

在世联人眼中，一个房地产项目价值可以分为地段价值、产品价值、服务价值、品牌价值以及人文价值等五个部分。其中，地段价值、产品价值和服务价值属于房地产项目的有形价值，它们是物质层面的，属于使用价值的范畴，是可以进行物化和竞争性比价的。而品牌价值和人文价值则属于无形价值范畴，是精神层面的产品，不能物化，也难以被复制，但可以自我定价。

地段价值包括项目外部、交通价值、产业价值、自然景观资源以及社会认知价值等几部分。项目外部，包括（社会）配套价值——生活配套、医疗环境以及教育环境等内容。交通价值，指的是交通的便利性与可达性。产业价值，是指商务或某些产业的支持，例如工业区、CBD（中央商务区）等。自然景观资源，例如北京的玉渊潭和昆玉河边等项目。社会认知价值，指的是大众在心理上对地段的潜在认同，例如天竺与南城等。

产品价值，是指房地产项目产品的具体实用价值，主要包括经济指标、规划设计、内部配套、建材设备、创新价值等内容。

服务价值，包括基本物业管理服务的价值、增值的 VIP 服务价值、个性化服务价值（菜单式装修、个性化服务）等三个大方面的价值。

品牌价值，指的是企业的品牌和产品的品牌，前者是一个企业品牌对项目质量的保证，也是企业信心的展示；后者是同一个企业品牌不同产品线的产品形象价值。

人文价值，包括场所精神和项目精神两个部分。场所精神是一个城市、社会、人文历史赋予项目所在地段的文化特性，例如什刹海、长城等。项目精神往往通过符号来表达，是人、事、物的精神的集中体现。其中“人”，是指开发者、设计者、居住者以及其他有社会影响力的项目参与者；“事”，是指论坛、发布会、获奖等活动；“物”，是建筑、文化展览、收藏馆等文化场所。

分析了房地产项目价值后，世联对项目的物业发展会提出什么样的建议呢？一般说来，世联的物业发展建议由以下六方面的内容构成：

（1）规划布局。包括经济指标分析、整体形象、产品类型建议、空间布局建议、交通组织、启动区选择与分期开发建议，以及细节优化等具体内容。

（2）建筑平面。包括户型面积与户型配比、户型设计建议和户型价值点建议三个部分。

（3）建筑空间形象。包括建筑风格、建筑外立面建议、建筑材质建议三部分内容。

（4）园林。包括风格建议、景观设计要点、展示建议三大块。

（5）配套、配置标准。主要有会所功能、配套设施、装修标准，以及物业管理要点等内容。

（6）服务和附加值。包括赠送、人性化细节、社区服务等内容。

正是在这些具体环节和要素上长期不懈的积累，世联才能够凭借专业水平傲视同侪，一路领跑。

2. 世联：学习型企业的秘密

除了已经具备的显性专业指标之外，今天的世联在软实力尤其是缔造学习型组织方面，也有丰富的实践和积累。这也是他们决胜未来的关键因素之一。

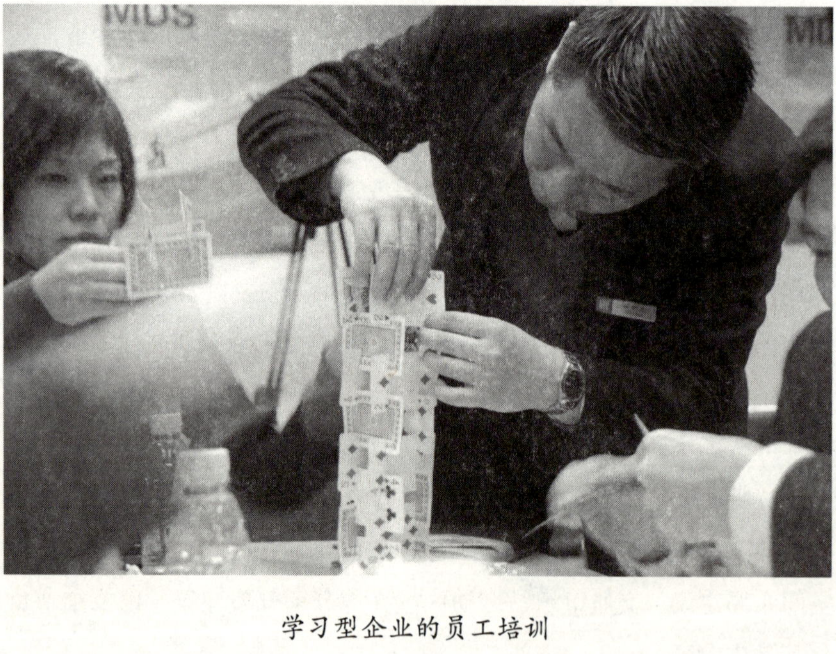

学习型企业的员工培训

知识经济的兴起，使“终身学习”成为人们职业生涯中的一项重要内容，而学习能力的差别更是一个人职业发展的决定性因素。在以智力服务客户见长的代理业内，一个团队如果能快速学习新知识，并将其及时转化为自己的能力，那他们在提供顾问咨询、代理项目、营销策划运作等方面都会抢得市场先机，领先竞争对手一筹。因此，在智力密集型的房地产服务代理业内，任何一家优秀的代理公司都是一个高效率的“企业大学”，都十分重视对员工的培训和教育。

作为国内领先的代理公司，世联在人才打造方面更有独特的优势，其“平台”战略能快速复制出专业性人才，随时满足全国各地分公司对高素质人才的需求。

在17年的发展历程中，无论是身处逆境还是面对顺境，世联上下都将“不断学习、提升专业能力”作为自己的第一要务，不敢有丝毫懈怠。可以说，世联之所以能取得如今的成就，正是得益于已经成为本能的“学习习惯”。

那么，世联在塑造专业人才方面，有什么值得借鉴的培训思路呢？

见微知著，我们来看一下世联在对员工的工作、生活和思考方式、专业性及知识储备等方面，都有哪些具体的要求。

在新人入职接受培训的第一天，世联的重要领导都会亲自来到教室，给他们讲解第一课。在培训课上，这些前辈都会讲到这样一项内容——世联人对房地产咨询业的理解：

我们为客户节约了交易成本；

我们对市场的了解，节约了客户的时间、精力和对价格掌握所必须付出的投入；

我们的专业建议，降低了客户的投资风险，使产品能为市场所接纳；

我们的客户网络，使客户在寻找交易对象的过程中节省了成本；

我们的专业服务，使客户在签约中能得到规范、安全的提示和保障；

我们的规范化体制，使得签约、付款等一系列过程得以顺利完成。

短短的几句话，精炼地概括出了世联人对这个行业的理解以及对自身的定位。在前辈们生动的讲解下，无数新人第一次了解了自己即将踏入的是一个什么样的行业，将会在世联的荣誉下从事什么样的工作，也第一次知道世联这样一家全国知名的服务企业对员工的具体要求是什么。

说起世联对员工的要求，其实并不复杂，只有这样几句话：

(1) 学会用平台、网络和模型等工具思考和说明问题；

(2) 要明白最重要的是工作而非你自己，要学会运用团队的力量，知道你身边的人、你的上司、指导人、你的同事之中，哪个人是哪项工作的责任人或专家；

(3) 学会计划和落实，把重要的事情摆在第一位；

(4) 学会平衡结果、负责和工作中学习（即掌握给别人调整的时间）；

(5) 积极主动，想想自己可以做什么，而不要只等着别人安排；

(6) 关注身边的人，以开放的心态、透明的方式与同事沟通。

顾问是世联的“拳头”业务，而一名优秀的顾问人员是需要长时间才能磨炼出来的，因此，世联十分注重从生活方式和思考方式等方面对员工进行熏陶。

具体来说，主要有以下几点：

针对问题或重点去工作和思考，不能“无头苍蝇”般乱撞；学会MECE（相互独立、完全穷尽）、归纳（全方位、正反两个方向、有重点）、演绎等思维方法；观察事物时，要着重关注其发生发展的内在原因，讲述时应避免流水账式的表象描述；学会界定所关注事物的模式和重点；面对工作时，应从大问题和大机会出发，找出最主要的矛盾和最大的机会；关注具体业务之外的世界，了解外围的经济、人文等事物；要有多方位思考，并能预测远景的能力；不断地锤炼自己的文字表达能力和运用语言与人沟通的能力。

在具体的专业知识方面，世联对员工有这样的要求，即实实在在地了解现实的房地产市场。世联提示各位成员：市场的内容是永远不会被全部掌握的，是变化的，因此这个了解过程是伴随我们职业生活的；法规和政策是在日常工作中天天要接触的，绝不可随意应付；掌握并遵守公司的业务程序和要求，这是对客户负责的基本内容。

“做一个优秀的执行者”是世联对员工工作态度的具体要求，它包含了追求卓越、良好的沟通与合作、推动策略执行、从小事做起、“能耐得住寂寞”、有时间管理能力、做事有条理、有较强的计划能力、能分清轻重缓急等内容。

3. 制胜之道：核心人才培养体系

在房地产服务领域，再高大的建筑物也离不开人的因素。世联要想有一个广阔的未来，就离不开人力资源建设。实际上，笔者通过对世联地产近十年的观察发现，世联的专业性，更多时候是体现在“人”的身上。世联“人”的专业水准，决定了世联的竞争力。

在业内，世联人常常感到自豪的是，他们不但拥有一支充满创造力和活力的 3 000 多人的超级团队，而且团队成员都很年轻，平均年龄才 27 岁！正是这些略显稚嫩的年轻人扛起了世联的大旗，而且推动着世联的加速发展。那么，世联是怎样将这些年轻人快速培养成能挑大梁的房地产服务专业人才的呢？这是一个令许多人感兴趣的话题。

世联是人力密集型企业，人是其中最核心的因素，吸引优秀人才、培养优秀人才，正是世联高层一贯坚持的企业发展战略。

在培养人才方面，世联的人力资源培训在业内有着很高的知名度，这是世联在十几年的发展中逐渐摸索出的一整套完整的培训理论和在职培训体系。一名刚毕业的大学生从踏入世联大门的那一刻起，就已经有量身定做好的业务培训课程在等着他了。虽然很多企业，都有对员工的在职培训，但是，相比之下，世联的岗位培训更为科学、细致和多样。很多世联的员工都有这样的感觉：与其说是在世联工作，还不如说是在一所实践性强的“大学”里进行深造。许多刚出校门的毛头小子，在世联经过两年的“研究生”式的培训后，都能快速成长为一名成熟、稳重的地产策划或代理精英。

在业界赫赫有名的世联人才培训体系，主要分为四个阶段。

第一阶段是针对刚进入公司的新人开设的。这个阶段的培训，主要是使新员工对世联的发展史、主要业务内容、具体岗位职责等有一个清晰的了解，主要的培训内容有企业文化培训、职场礼仪心态培训以及专业入门培训等。经过两个月的培训，使新员工能从心理上对世联的企业理念、发展前景产生认同，初步完成从一个社会人向世联企业人的转变。

经过第一阶段的培训后，世联能根据每一位新员工的表现，对其具体的工作岗位进行分配调整。在接下来的工作中，世联还会根据具体工作岗位职责和能力要求的不同，不断地安排各种职业培训，例如专业初级培训、管理初级培训、压力管理培训、目标管理培训、策划/顾问情景模拟培训等等。在培训时，世联会根据实际工作需要，安排集中授课、情景模拟、在线学习以及在岗实践等不同的培训方式。经过这些培训，员工一般能具备初级策划、顾问、销售、客服等资质；其中有发展潜力者还能向基层管理者的方向发展。

第三阶段的培训，主要是培养中高级策划、顾问、销售、客服等人才，并促使其向中层管理者方向发展。这个阶段的培训内容，主要有管理中级培训、MDS（多维标度分析）实践、MDS 模拟、MDS 在线学习、专家认证及成果落地等课程。

第四个阶段的培训，主要是培养专家型人才以及世联的中高层管理者了，主要有管理实践提升、外部定制培训以及管理高级培训等培训内容。

【人才发展】“破茧计划”和“世联夜校”

世联很重视对代理部门员工的培养，他们特地制定了“破茧计划”，加速推进代理业务关键岗位人员，特别是应届毕业生的成长。每期培训计划的实施周期长达一年半。计划通过指导人制度、系统的专业培训制度、跟踪制度等“三大制度”以及“认识你的资源”

活动、演讲比赛、辩论赛、交流沙龙、读书分享等活动，帮助新人迅速了解公司的各项资源，锻炼新人有效沟通的能力，有计划地提升他们的专业水平和策划执行能力，并通过阶段性成长计划的制定、总结和反馈，确保新人能够得到持续、高效的指导和提升，最后，以新人顺利通过公司的策划专业能力晋级考核、成功晋升为策划师而结束。

2006年开始，世联还推出了“世联夜校”系列公开课，在追求公司专业能力的同时加强内部人才的培养。“世联夜校”是世联人力资源战略的重要组成部分，主要服务于内部员工，旨在提升其专业技能、职业常识与技巧以及管理能力。

“世联夜校”实行半月制，面向世联全体员工。由世联高层及学者专家对员工们工作中出现的瓶颈问题进行系统的讲述，如《咨询的艺术》这门课程，从咨询来源于科学与艺术的结合、如何更好地为客户提建议、做顾问的原则等与咨询相关的几个侧面，为员工提供了做顾问的实用方法论。再比如《房地产营销：凭什么值得信赖》这门课程，强调“真实数据是分析的基础”、“全面系统的知识是决策的依据”、“创新法则是成功的路径”。这是世联获得客户信赖的三项关键因素，也是在房地产产业链中，顾问代理公司存在的价值基础。

4.“新手”的素质“修炼”

如何将刚进入公司的新人快速培养成具有较高专业素养的房地产代理人士，这是很多房地产代理公司十分重视而又常常感到棘手的事情。世联的做法是通过细致的专项培训，让新手们尽快掌握专业人士的工作技巧。世联将专业人士的素质培训，归纳为从形象上向专业人士靠近、具有专业人士的习惯、掌握专业人士的工作方法三大方面。实践证明，世联的这种专业人士“养成”方法非常有效。

第一个方面：从形象上向专业人士靠近

从事什么职业，就要具有这个职业的特点和风格，我们判断某一个人是否是这个行业中的精英、权威人士时，第一眼的感觉往往非常重要。第一眼都有哪些感觉呢？很简单，从对方的言谈举止、行为细节等方面都能得出重要的信息。

“你可以先装扮成‘那个样子’，直到你成为‘那个样子’。”这是西方人常说的一句谚语。套用过来，我们可以说：“先从‘看起来就像专业人士’开始吧！”这是一个非常实用的招数。在世联培训师的指导下，一个刚入行的“新手”，只要做到三步就能让自己即刻拥有专业人士的风格。

第一步：自信带来气质。自信是成功的第一信念，领导人区别于普通人的第一个特征就是自信。在一个人事业的长期发展优势中，他的视觉效应是其能力的九倍。

第二步：管理好“第一印象”。心理学家发现，当我们走进一个陌生的环境时，人们马上就能凭直觉说出对你的十多条印象：你的经济条件、教育背景、社会背景、精明老练程度、可信度、婚否、家庭出身背景、年龄、艺术修养、健康状态等。所以，第一印象非常重要，作为一名优秀的专业代理人士，一定要管理好自己的“第一印象”。

第三步：服饰——你穿哪类衣服，你就是哪类人。据调查显示，有76%的人根据外表判断人。当你的穿着像个成功者的时候，你就会在各种场所得到尊敬和善待。而那些穿着不合身的化纤西服、陈旧的衬衣和耀眼的领带的人，是没有机会做到公司的高层的。

第二个方面：具备专业人士的一些重要习惯

专业人士都有哪些习惯呢？这是很多“新手”在入职时心中存有的疑惑。一位成功的房地产代理专家有许多良好的工作习惯，其中最重要的习惯有四个：用事实说话，把重要的事情放在第一位，适度理性以及随身携带几个“仪器”。

用事实说话。专业的房地产代理人士的工作使命是发现问题，分析问题，解决问题。因此，在开始任何工作前，首先要做的事就是把事实收集起来进行分析。在世联人眼中，没有任何一个问题可以躲得过事实的威力，每一个假设也都必须经过事实的检验才行。

把重要的事情摆在第一位。世联人所从事的智力服务工作，是非常有章法的，需要员工能分清事情的轻重缓急。培养这方面的习惯可以从优先表开始，即每天工作开始前，先把每天需要做的事情按先后顺序写下来，制定一个进度表。进度表的具体要求如下：

（1）每天工作结束的时候写下明天要做的最重要的六件事；

（2）根据每件事的重要程度标出次序；

（3）每天早上的第一件事就是做第一项，其他的不要看；

（4）办第一件事，直到完成为止；

（5）然后用同样的办法做第二件、第三件等，直到完成；

（6）如果只做完第一件事也不要紧，因为你总在做最重要的事情。

在制作计划表时，有三个需要注意的地方：对要做的事情首先做一个评估（目标、需要、回报、满足感）；剔除不必做的事情；估计任务完成的时间和协助人。

适度理性指的是，在工作中我们不能过于理性，而要通情达理。这是因为我们都是人，没有人能在所有时刻都保持完全理性；理性是基于严密的推理，但是只要有一个薄弱环节，则整个链条都会被破坏；相比于理性，合理性更加可靠；最重要的是，没人喜欢一位理性得简直是自以为是的人。

随身携带几个“仪器”，指的是要随时带着勇气棒、三面镜子和一个陀螺仪。勇气棒，指的是尝试新鲜事物和甘冒失败风险的勇气。第一面镜子，是用来帮助你自己自省的；第二面镜子，是望远镜，是用来帮助你理解对方观点的；第三面镜子是鱼眼镜，其用途是展示包含所有相关者的混合观点的。陀螺仪是用来保持工作中的两种平衡的，即大平衡（生活平衡）和小平衡（每一次行为平衡），只要能保持两者的协调一致，则无论输赢，你都会有所收获的。

第三个方面，掌握专业人士的工作方法

世联培养专业人士的工作方法时，都会向其传授专业的“杀手锏”式的秘笈。“杀手锏”，顾名思义就是专业人士“征服”客户、圆满完成工作任务的法宝。经过世联培训师的专业培训，刚跨进公司大门的新人，很快就能娴熟地使用四个“杀手锏”了。这四个“杀手锏”分别是案例分析；用数字说话、进行量化分析；“金字塔”式写作技巧；用图表说话。

“杀手锏”之一：案例分析。

具体来说，案例分析有七个步骤，分别是：

(1) 界定存在的问题；

(2) 分析案例的数据时，集中于问题的原因和结果以及约束和机会；

(3) 尽可能地提出多种方案；

(4) 选择决策标准；

(5) 分析及评估这些方案；

(6) 决定首选方案；

(7) 制订行动计划和执行方案。

“杀手锏”之二：用数字说话，进行量化分析。

“为一包口香糖建一个经济模型。”

“我们只相信上帝的话，其他人请拿数据来。”

以上这两句话充分体现了量化分析对专业房地产服务人士的要求。

“杀手锏”之三：“金字塔”式写作技巧。

写作，谁都会，但要想用文字简明扼要地表达出自己的专业报告，需要专业的写作技巧，这就用到了“金字塔”式写作技巧。

“金字塔”式写作技巧的总的原则是：从结论说起。那么，如何才能建构一份合格的“从结论说起”的专业房地产代理报告呢？别急，按照世联培训师的指导，经过九个步骤就能完成一份完美的报告了，具体如下：

(1) 准备讨论的主题；

(2) 准备回答的问题；

(3) 对问题的回答；

(4) 列出“情境”；

(5) 列出“冲突”；

(6) 以上回答是否仍然成立；

(7) 以上回答引起的新问题；

(8) 确定回答问题的方法（逻辑论证或逻辑组合）；

(9) 回答更细的问题。

“杀手锏”之四：用图表说话。

看图比看文字更合乎人类的思维习惯，和文字以及数字相比，图表的优势有这么几点：迅速传达信息；直接专注重点；更明确地显示其相互关系；使信息的表达鲜明生动。

制作常见的数据类图表需要什么要素呢?

在制作图表前，需要先准备好以下几方面的内容：数据，确定要表达的主题，确定比较类型，选择图表类型。

准备好这些素材后，就可以开始制作图表了。第一步，是分析图表并确定要表达的信息；第二步，是确定比较类型；第三步，是选择图表形式，通过不同的图表表达特定的对比，最佳图表还应遵循一定标准的格式。

制作图表时，还要注意这么几点：一是决定图表形式的不是数据，也不是尺寸，而是你想要表达的主题，主题要非常简洁并切中要点；二是图表贵精不贵多！只有当图表能够帮助你表达主题时才使用；三是图表要直观，而不是需要一千句话来解释图表。

【人才发展】房地产顾问专家的16条形象建议

(1) 列出自己的优势，并相信这是你的财富；

(2) 只穿让你自信的服装；

(3) 要敢于说“不”；

(4) 坦然地接受别人的赞扬；

(5) 眼睛能与别人直视；

(6) 保持头部直立，走路和坐立都不要让自己松懈；

(7) 用坚定、果断、热情的语气说话；

(8) 在出席商业会议、媒体采访、与商家签合同、首次与客户见面时，无论是周五、周六、周日，请你一定要穿西服、打领带；

(9) 即使不穿西服，也不要穿牛仔裤、T恤衫；

(10) 不要追随娱乐界明星的穿着；

(11) 宁可保守也不要过度追求时尚，时尚只能保守地反映在你的休闲装中；

(12) 面带微笑，表示友好、热情；

(13) 保持与别人的目光接触，表示你的专注和对别人的重视；

(14) 要有力紧握别人的手，一定不要用“死鱼”方式握手；

(15) 保持上身挺立，展示出自信的态度；

(16) 把你的注意力给予别人，做一个专注的“听众”，不要夸夸其谈、自吹自擂，要考虑到别人正在观察你。

5. 世联的“以人为本”

在房地产服务轻公司的发展中，员工的智慧和创造力是企业最大的财富。很多企业都很重视员工，倡导“以人为本”的管理模式。

世联同样努力为员工创造良好的工作环境，包括一流的软、硬件环境和富有挑战性的工作发展机会，充满人文气息的文化氛围及简单、愉悦的人际关系等等。

“人才的平台化”，是世联人力资源管理的最大特色，和其他同类企业有着显著的区别，主要体现在两个方面。

一是世联的所有业务、知识、客户资源等，不是以公司里的员工为中心，而是以公司里的综合平台为中心，员工在这个平台的基础上开展工作；二是公司能随时利用平台对人力资源进行调配，而不必担心工作的脱节。在这个基础上，员工的个人价值和平台价值相得益彰，能形成良性的互动循环。

为了留住人才，激励人才，世联也采取了一系列的措施。例如，公司的核心高管人员持有公司的股份，将管理人员的个人利益与公司的长期利益紧密结合；公司定期参与市场薪酬调研，参照行业薪酬水平制定具有吸引力的薪酬体系；在岗员工全部签订劳动合同，依法缴纳社会保险，为员工提供完善的福利待遇；制定完整的晋升和培养制度，为员工提供发展空间。

17 年来，世联已经建立了完整、规范的人事管理制度，并聘请了员工关系、劳动法等方面的法律顾问协助公司完善人力资源管理体系。

不仅这样，在“以人为本”理念上，世联人还有着自己的理解。陈劲松在《“人”不如“平台”吗》的博文中，专门谈到了他对这个问题的体会。他认为：

人不是企业的核心竞争力，但人是核心竞争力的创造者，企业说的“以人为本”就是对“人”的重视。这种重视具体表现在企业有没有为员工（“人”）提供愉快的工作环境，公平的竞争条件，足够的发展空间，合理的薪资回报，完备的福利保障、技能培训、激励奖励措施等诸多方面。

企业的“以人为本”不应该片面理解，企业与员工的共同发展应始终是共识，好的企业为员工提供良好的发展的空间和舞台，优秀员工是企业的发展动力。万科的“以人为本”，即所谓尊重员工、股东和客户，大致意思是：因为客户和股东是企业效益的源泉，于是企业应该重视他们的感受，而员工直接为他们提供服务，所以他们感受的好坏一定受到员工感受好坏的影响，于是为了令他们感到满意，首先应该重视员工的感受。这是万科价值观，而不是核心竞争力，因为仅靠这一点，万科不可能基业常青。

……

重视“平台”不表示忽视“人”。作为一个智力输出企业，世联比其他任何类型的企业更依赖也更重视“人”，我们欢迎有才干的人、

"能人"，并且随着公司的不断发展，我们需要更多这样的人，但是他们首先应该是以与企业共同成长为目标的人，最好是能够在平台上运作、为平台建设添砖加瓦的人，共同打造世联的平台核心竞争力，使公司更加强大稳健，使大家都享受到平台带来的好处。

陈劲松在文章中还谈到了对人的评价问题，他这样写道：

世联对人的评价有过这样几个阶段：靠能力评价人、靠创造的效益评价人、靠为平台添砖加瓦评价人。我们在努力地向后者靠拢。不是说我们不需要能人，但最好是平台上的能人，因为企业不能单纯依靠能人；也不是说我们不重视效益，但我们看重的是长期发展的效益；为平台做贡献的能力将成为我们平台效益年里对人的评价准则。

【人才发展】（培训日记节选）世联500天

2008年7月10日，是我进入世联报到的日子，到今天正好500天。500天，在世联，选择了一份工作，更多的是选择了一种生活。

100天　培训与分享

世联的培训室，永远都是敞开的。从新人开始的入职培训到项目的评审，到后来项目总结后的分享，都在这间不大的培训室里完成。

新人培训时，我在台下，聆听讲师们的讲解，知道了顾问工作方法、金字塔原理、建筑学常识、顾问成长模型等一系列课程，一点一滴地将这些内容融入到了现在的工作中。

专业培训时，投标技巧，规划的市场评价、户型的市场评价等等课程，帮助我在做项目时掌握技术要点，更好地服务我们的客户，获得他们对我们专业能力的认可。

聆听分享，是在世联最幸福的事。世联每周都会有一个分享，而这些分享就成为自己工作的助力。我电脑中有一个文件夹，就叫做"有趣分享"，我听过的，没有时间听的，自己公司的，其他分公司的分享，我都集中在这里，它就是我的知识库。它帮助我在和客户沟通时，可以绘声绘色地讲述某个项目的成败、某个产品的亮点，即便这些项目我没有参与，这个产品我也没有实际见过，但就是通过世联平台的分享，真正建立了全国视野。

第三节 世联的未来战略蓝图

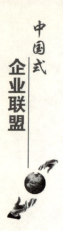

在本书的定稿阶段，笔者请世联高管们用一句话来形容深圳世联地产顾问股份有限公司的特色，陈劲松董事长回答说："我们就是房地产的市场服务公司，顾问加一手楼代理公司。"

他又补充介绍：

> 我们就是轻资产人力为主的中介企业，服务于房地产企业，做专业分工的服务企业。
>
> 对于客户来说，世联这家专业公司，前期提供顾问服务，后期提供营销代理服务。

在谈到收购信立怡高之后的2010年的未来展望，陈董事长强调，世联地产会和过去17年一样，坚持有所为有所不为。

世联地产，未来首先不会涉足开发业务，不会做任何形式的开发商。

其次，世联地产也不会做与顾问代理等核心业务无关的业务，例如不做装修建材业务。

再次，世联地产也不会做媒体和广告业务。

同其他产业一样，房地产业的成长也要循着一条产业生命周期曲线展开：首先是市场增长缓慢的导入期；其次是市场容量和利润空间迅速增长的增长期；再次是市场容量基本稳定、利润趋薄的成熟期；最后是市场容量萎缩、利润微薄的衰退期。如果我们从产业生命周期曲线、产业生命周期阶段、产业生命周期机制三个方面研究房地产业，就会发现，中国的房地产业从20世纪80年代开始逐渐孕育、发展。到90年代中后期，它增长速度加快，进入了成长期。处在这个阶段，无论是投资规模还是消费规模，都在剧增。根据理论推断和发达国家的经验，这个增长期一般要持续几十年甚至可能更长的时间。这也是世联地产和信立怡高以及其他服务业同仁能够走到一起的基础和信心所在。

"成为中国领先的房地产综合服务提供商，满足客户对于房地产行业不断变化和发展的需求"是世联一贯追求的战略目标。为了实现这个目标，世联高层为自己和未来加盟的同业们，制定了较为详细的未来发展战略。

1. 未来的发展战略

业务扩张战略

以珠三角区域为重点，在全国具有良好发展潜力的城市选址设立子公司，扩大在其他城市代理销售业务的市场占有率。扩充在其他区域的业务可进一步增加收益来源及减少依赖单一地区市场的风险。强化顾问策划业务的领先优势，稳定顾问策划业务整体规模国内前列的市场地位。顾问策划业务的全国化布局，一方面满足公司现有客户跨区域扩张需求，另一方面可进一步拓展其他区域的顾问策划业务，稳固公司的市场地位。

品牌推广战略

世联所属的房地产中介服务业目前尚处于市场初级阶段，针对行业集中度较低、行业自律不足、服务规范欠缺等现状，世联秉承"中国房地产市场服务的第一选择"的品牌理念，坚持在全国范围内向客户提供统一规范的服务。因此，世联将继续发挥以往的一贯优势，在专业知识推广、行业形象确立、服务的规范化和标准化等方面进一步强化世联在全国的行业知名度、市场美誉度和客户忠诚度。

人力资本驱动战略

房地产中介服务是人力资本密集型行业，世联将着力于人力资本投资，不断完善人才的培养、选用、评价和激励机制，健全人力资源开发制度，通过内部培养和外部引进，造就一支高素质的职业经理人队伍和高水平的专业技术人员队伍。此外，世联将积极探讨建立中高层管理人员和核心专业人员的股权激励机制，并以上市为契机，实现公司股份社会化。

知识管理战略

知识管理对世联的未来发展举足轻重。世联拟建立以互联网为基础的知识管理平台，包括运营管控平台、知识数据平台、客户管理平台、协同办公平台等，这是世联在行业内独特的平台战略。世联认为推行建设集成服务的知识管理平台，实施管理与业务运营的规范化、标准化、自动化，既可以降低公司规模扩张的成本，提高竞争壁垒，也是提高员工工作效率，实现全国一体化服务的根本保证。

行业资源整合战略

资源整合有助于提高公司的竞争能力。世联拟加强与实施全国扩张策略的房地产开发商建立紧密合作关系，进行层次各异的合作（如签订战略合作协议等），保证世联稳定的业务来源；利用资本市场手段，探讨以兼并收购等方式与同类竞争对手合作，加强对各地市场的渗透力，提高当地市场份额，缩短扩张城市的市场培育期，提升世联的盈利能力。

2. 业务发展前景展望

顾问策划

专业的顾问策划服务主要是为政府及房地产开发商提供投资开发决策咨询，降低其投资开发风险，较好地帮助这些企业解决进入哪些城市、投标哪些项目、项目的成本要控制在多少、项目的定位等关键问题。顾问策划业务主要受到房地产开发商的投资开发计划及土地购买计划等因素的影响。目前，国内越来越多的房地产开发企业逐步从区域走向全国，这些企业对跨区域的市场总体是陌生的，无疑需要专业的顾问策划服务。对于已实现了全国布局的房地产开发公司来说，依然需要专业的顾问策划服务。房地产开发公司所布局的城市不过二三十个，远少于专业中介服务公司覆盖的区域。例如世联已经覆盖了百余座城市。这些龙头公司进入新城市还是需要专业的顾问策划服务；就其现有的城市项目，专业的顾问策划企业可以帮助他们有效地减少项目的风险。

代理业务

我国的房地产开发商很多都是从获取土地到物业管理一体化经营的企业。随着房地产行业的快速发展、行业竞争程度的加剧，房地产开发商自产自销的模式将很难再适应市场发展的需要。

经纪业务

全国各城市二手房市场发展不平衡，一线城市二手房市场容量不断增加，二手房经纪业务处于上升趋势。二线城市二手房市场容量较低，其二手房经纪业务尚不成熟。2008 年一线城市二手房成交量大幅调整，导致二手房经纪业务下降。随着 2009 年市场的回暖，二手房经纪业务亦迅速回升，从长远来看市场空间较大。

房地产开发行业服务外包趋势加强。随着国内房地产行业的整合，房地产开发商的集约化、规模化经营，房地产行业开发与销售的分离是市场发展的必然趋势。近年来，万科、金地等大型房地产开发商均开始实施规模化经营，并逐步将一些项目外包给专业的房地产代理公司销售。王石表示：“从成熟市场的专业角度看，行业发展的方向将是专业分工更精细，使行业的效率和资源配置进一步优化。”

市场规则趋同

随着主流房地产开发商逐步进入全国二、三线城市，各城市房地产市场交易规则逐步趋同。房地产代理销售业务的市场集中度提高。

房地产代理业务集中度不断提高

代理百强销售金额由2004年的2 651亿元增长到2007年的8 760亿元，复合增长率为48.95%。2008年代理百强销售金额占全国商品房销售金额的32.2%，代理市场份额呈增长趋势。

3. 世联未来的经营目标

未来，世联仍将以代理销售、顾问策划为主要经营方向，获取合理的品牌附加值利润、顾问增值利润以及营销网络价值利润。在未来三年内，世联的主要经营目标是基本实现产业规模化，成为一家专业化、标准化、规模化的现代管理型企业。

世联将采取为客户提供解决方案加实施全程代理销售的服务模式，大规模地在全国复制珠三角成功经验。通过募集资金投资项目，世联将扩大代理销售业务的全国占有率；巩固顾问业务全国前列的市场地位，服务地区覆盖全国主要大中城市；同时适度谨慎地发展经纪业务。

顾问业务的业务模式及增长的决定因素、发展前景

顾问策划业务主要是为地方政府、土地运营机构及房地产开发商等提供土地出让、土地获取、房地产项目开发等顾问咨询决策服务，该项服务不与房地产开发销售结果挂钩，受房地产市场成交量的影响较小，但是会受到房地产开发商项目投资开发与土地购买等因素的影响。

随着房地产市场短期回暖以及长期向好的趋势，各房地产开发商又重新开始投资开发计划和土地购买计划，这将为世联带来丰厚顾问策划合同。截至 2009 年 6 月 30 日，世联已与 202 家政府部门及房地产开发商签订了顾问策划合同，这些已签订尚未执行完毕的房地产顾问策划合同总计有 223 份。这些合同储备为世联持续盈利提供了坚实的基础。

代理业务的业务模式及增长的决定因素、发展前景

我国的房地产开发商很多是从获取土地到物业管理一体化经营的企业。随着房地产行业的快速发展、行业竞争程度的加剧，房地产开发商自产自销的模式将很难再适应市场发展的需要。根据发达国家房地产市场发展的规律，房地产开发与销售的分离，已经成为检验房地产市场是否成熟的标志。随着中国房地产行业的整合，房地产开发商的集约化、规模化经营，房地产行业的开发与销售分离是市场发展的必然趋势。

代理百强销售金额由 2004 年的 2 651 亿元增长到 2007 年的 8 760 亿元，复合增长率为 48.95%。受全国房地产市场调整的影响，2008 年代理百强销售金额下降到 7 744 亿元，但是代理市场份额上升到 32.2%，呈现增长趋势。

由于房地产市场的调整，导致房地产中介服务行业的调整。但是随着房地产市场的逐渐稳定和健康发展，房地产中介服务行业也将获得更大的发展空间。对于一手房销售来说，房地产市场的调整将促进房地产开发商专业化分工和营销外包的深化，这将带来一手房代理销售业务的增长；对于二手房销售来说，二手房价格的理性回归和居民住宅消费刚性需求的增长将刺激各城市二手房成交量的回暖，促进二手房经纪业务的发展。

房地产中介服务公司在为房地产开发商提供代理销售服务时，一般有三种模式：(1) 提供专业代理销售服务以获取佣金收入。(2) 提供专业代理销售服务获取佣金收入以及在预定销售价格之上完成既定销售目标后进行的“溢价分成”。(3) 包销，通过销售房屋获取差价收入。

出于对专业化、标准化和规模化的追求，世联地产多年来一直坚持提供专业的代理销售服务获取佣金收入。公司代理销售业务提供的服务主要包括前期市场调研、楼盘市场定位、销售策略报告以及现场售楼等。世联代理销售业务收入是根据代理销售额按照一定的比例向开发商收取代理佣金，对于参与前期策划的项目，还会收取一定金额的策划费用。

世联地产在顾问策划业务方面具有深厚的专业积累、较高的品牌知名度和客户忠诚度，在世联地产为房地产开发商提供顾问策划业务的过程中，有些房地产开发商基于对世联地产的信任，委托世联地产对前期提供顾问策划的项目进行后期的代理销售业务，并且在不要求世联地产支付保证金的前提下同意世联地产收取溢价分成代理费。

未来，世联地产在控制自身风险的前提下，可能继续以收取溢价分成代理费的方式开展代理销售业务。

4. 迎接更广阔的市场

在陈劲松董事长的分析之中，房地产服务行业的发展会呈现出一个S曲线。

2000年之前，是行业的草创期，房地产代理公司都在各自为战，忙于生存。

2001年－2007年，行业整体发展已经有一定规模，但是专业代理商的发展速度还是跟不上开发商的发展速度。部分大的服务业公司开始成型，行业集中度也得到迅速的提高。例如前三名的代理公司，已经占有市场的相当份额。

中国房地产业之中的一手楼交易，还有15到20年的扩张期。就看代理顾问公司有没有能力把握住这个机会。世联地产要做的，就是积极打好基础，迎接行业的主升浪。

世联不但自身实力雄厚，还有着不俗的整合资源和快速增效的能力，这在一片散沙似的房地产服务业中是一个难能可贵的优势。

据世联研究发现，居民收入在2010年会有两位数的增长，城市新移民在未来10年会以每年超过1.2%的速度增长。这就是说每年会有2 500万多人进入城市。从2010年开始，它所面临的是放大了的房地产服务市场，城市化进程的速度是加快了，而不是减弱了。一手楼市场的发展，会在未来10年基本奠定主体的城市化需求之后开始变慢，而当前则是在持续加速中。因此，服务行业的大机遇已经到来，谁能满足时代的需求，谁就会拥有未来。

陈劲松曾这样对员工说：

世联面临的是服务能力和日益扩大的市场之间不匹配的问题，也就是说公司跟不上形势的发展。这和当年制造业大发展时的情况很相似，当时制造业刚来的时候，很多人都在问行不行；现在看来，谁上规模谁就行，谁不上规模谁就死了。而且不用说制造业的质量如何提高，规模上来了，质量自然迅速提高，而不是说上了规模质量就下降。现在，同样重要的问题也摆在中国房地产服务业面前。

然而，服务业和制造业也有很不一样的地方。制造业因为有车间、标准化的生产线，所以可以大规模放量，而目前中国的服务业则不行，放量始终受制于人的管理问题。在陈劲松眼里，目前能够上量的服务业只有两种，一种是苏宁、国美等电器专卖店，它们采用的是沃尔玛的方式；另一种是阿里巴巴、腾迅QQ，完全社会化。

那么，房地产服务行业为什么到现在还没有高度整合？陈劲松认为，唯一的原因就是这个市场大家发展得都还不错，还没被逼到那个份上。但从2009年起，资本开始大举进入房地产咨询业，速度要多快有多快。资本一旦涌入，就将迅速推动行业的变革性增长，这就是资本的力量。从2010年开始，这个行业的整合速度将迅速提升。对世联来说，关键的问题是自己怎样去做整合工作。是走国美路线，还是苏宁路线，还是其他模式？不论哪条路，世联都会面临巨大的增长压力。

陈劲松认为：

目前来看，一个行业凡是能爆发式增长的，都会干几件大事。一是和资本打通，否则后继增长无力，比如永乐大中，比苏宁、国美上市晚，就只能被并到上市公司里去。二是把它原先所有的生产和服务步骤细分，标准化。三是尽可能地利用社会资源。现在上市的网络公司有很多，真正做起来，未来一点问题没有的企业那就是腾讯、阿里巴巴这些善于利用社会资源的企业。如果该干什么事的时候没赶上，社会资源没利用好，爆发式增长就特别难。可扩展的商业模式，正是世联这次组织变革背后的逻辑。

资本都会追逐具有可扩展的商业模式的公司，摩根斯坦利追中建国际追了两年了。中建国际的发展方式与一般设计院完全不一样。中建是做企业，像开医院；一般设计院就是一帮老中医，一个一个的小团队，这跟世联很像。客户找上门来，问他们能不能排队，因为人不够，做不过来，不能排队的客户只能让他们找别人去。把活往外推，因为受制于自己的资源不够，而中建则不是。中建的老总曾说过，世界上最大的设计公司，一年营业额30亿美金，而中建在10年内达到50亿美金没太大问题。它为什么能增长这么快？业务怎么来？

中建的经验就是大量开设分公司，分公司就是打单部，不负责生产，关键把自己的优势让客户知道。优势的关键在哪里？关键是内部专业化。目前中建内部有体育事业部、医院事业部等各种各样的专业分工。未来中国80%的医院，都会是中建的客户。拿医院的设计为例，如果不专业化，连尺寸都无法对上，发展肯定没戏。他们现在搞物业的专业化、酒店的专业化、各种各样的专业化，专业化的好处是质量将大幅提高。反过来看一般设计院，每个人都挺舒服，但是企业无法做大，这就是典型的开设医院和办大量老中医私家诊所的区别所在。

陈劲松将世联的业务称为“摘桃子”，世联结构调整的目的就是摘最后的大桃子，不摘小桃子。以深圳区域为例，世联将指标、人、利润等分到几个事业部后，深圳世联公司就没有什么可做的了。因此，世联在业内率先开始打单的社会化，将自己的商业模式标准化，把业务合理细分，使人员成长得快一点，再快一点，然后再用好社会资源。

未来而言，世联考虑的还不止是一手楼的问题。因为行业规律，在一手楼的供应量趋向饱和之后，就进入二手楼市场。因为中国的二手楼市场足够大，相当于欧洲加美国。这又是房地产服务公司得以大显身手的领域。

现在，世联已经有专人在研究二手楼的标杆企业，比如美国的21世纪不动产。

除了中介服务，世联现在也很关注房地产按揭服务公司。

俗话说“术业有专攻”，仅房地产服务业，就由最初单一的房屋中介业务，快速发展为现今的城市区域规划顾问、房地产开发咨询、销售代理、房屋评估等许多次级行业。其中，房屋按揭，特别是住宅按揭和二手房按揭业务的成长尤为迅速，个人住房按揭贷款已成为我国居民购房时最主要的支持性力量。而购房者重视房产、尽力偿还房贷，不轻易断供的消费习俗，使房贷经纪业务的风险较低，银行等金融机构争相推出新的按揭贷款产品，以满足不同贷款者的消费需求。在房地产市场日益活跃的今天，面对海量的房贷市场信息，精力有限的银行和购房者，都需要一个专业的顾问来帮助自己完成这繁杂的工作。

Mortgage Choice（简称MC）公司是澳大利亚一家历史悠久，业绩良好，占有较大市场份额的上市按揭公司，更是世界同行业中的翘楚；印度的HDFC银行，是全世界最大的住宅按揭银行。世联地产正在密切关注其发展历程和发展策略，同时思考未来可能的按揭业务布局……

参考书目

1. 刘洪玉、张红．房地产业与社会经济．北京：清华大学出版社，2006年12月

2. 刘洪玉、郑思齐．城市与房地产经济学．北京：中国建筑工业出版社，2007年9月

3. 上海社会科学院房地产业研究中心、上海市房产经济学会．改革开放三十年的中国房地产业，上海：上海社会科学院出版社，2008年11月

4. ［美］斯图尔特．"软"资产：从知识到智力资本．邵剑兵译．辽宁：辽宁教育出版社，2003年4月

5. 矫佩民．房地产客户关系管理．北京：中国建筑工业出版社，2007年8月

6. 张忠民、陆兴龙、李一翔．近代中国社会环境与企业发展．上海：上海社会科学院出版社，2008年3月

7. 李津逵．中国：加速城市化的考验．北京：中国建筑工业出版社，2007年11月

8. 李津逵．城市经营的10大抉择．深圳：海天出版社，2002年1月

9. ［美］卡恩．房地产市场分析：方法与应用．张红译．北京：中信出版社，2005年7月

10. 建设部课题组．住房、住房制度改革和房地产市场专题研究．

北京：中国建筑工业出版社，2007 年 12 月

11. ［美］刘易斯·芒福德．城市发展史——起源、演变和前景．倪文彦、宋俊岭译．北京：中国建筑工业出版社，2005 年 2 月

12. 陈劲松．新城模式：国际大都市发展实证案例．北京：机械工业出版社，2006 年 1 月

13. 杨慎．房地产与国民经济．北京：中国建筑工业出版社，2002 年 9 月

14. 世联地产．世联地产评论．世联地产内部资料

15. 博斯、谢祖墀．方向：中国企业应该学习什么．北京：东方出版社，2007 年 9 月

16. 景莉．智力资本与公司价值．北京：中国经济出版社，2006 年 1 月

17. 何庆明．智力资本与企业战略并购．北京：中国经济出版社，2006 年 6 月

18. ［美］莎拉·莫尔顿·瑞格．优＋优＝劣？——IBM 文化整合方式带给我们的启发．郗小红译．北京：东方出版社，2007 年 8 月

19. IBM 中国商业价值研究院．IBM 中国商业价值报告战略与管理．北京：东方出版社，2007 年 4 月

20. 中国指数研究院、中国房地产 TOP10 研究组．中国房地产品牌价值研究：理论与实践．北京：经济管理出版社，2006 年 7 月